Glück & Erfolg kompakt!

Bernd M. Schmid - Finanz Punk

ISBN: : 9783947070008 – Preis: 14,80 €

Impressum:

Verlag:

David Vandeven
Vandeven24 Literaturverlag
ErnstThälmannStraße 63
DE 02708 Großschweidnitz
Telefon: +49 (0) 3591 / 570 9 087
Mobil: +49 (0) 1577 / 887 1 906
info@BuchFairlag.de
www.BuchFairlag.de
UstID: DE268034394

Cover-Design:

www.taliesi.com

Autor:

Bernd M. Schmid
bernd-schmid@email.de
www.Finanz-Punk.de

ISBN: : 978-3947070008 – Preis: 14,80 €

Inhaltsverzeichnis

»Warum diese Buchreihe entstand«

»Sind nicht die größten Wahrheiten immer auch einfach? Die zehn Gebote zum Beispiel sind ja auch einfach und trotzdem bestehen sie schon seit Jahrtausenden.«

André Kostolany (190699)

Es geht Dir möglicherweise genauso, wie es uns immer ergangen ist, wenn ich mich in einem bestimmten Bereich in Richtung zu mehr Lebenserfolg weiterentwickeln wollte. Du hast dann verschiedene Bücher - meist waren das ziemlich »dicke Dinger« - gekauft und gelesen. Da Lesen nun einmal eine der Grundlagen des Lebens ist, hast Du Dich dann eben über mehrere Wochen durch mehrere hundert Seiten gequält. Lesen wurde so nicht zum Abenteuer für Dich, sondern zur Qual. Außerdem musst Du immer wieder feststellen, dass viele dieser Autoren eine schwer verständliche Sprache verwenden und die einfachsten Zusammenhänge sehr oft unwahrscheinlich kompliziert darstellen. Du musst dann aber letztendlich am Ende Deiner »Qualen« feststellen, dass in den meisten Büchern, die Du über die verschiedensten Themen für mehr Lebenserfolg kaufen und dann auch lesen kannst, immer das Gleiche geschrieben wird. Alle erzählen Dir die gleiche Geschichte. Jeder verwendet eine andere Wortwahl, doch im Wesentlichen geht es immer um das Eine! Wie werde ich noch glücklicher und noch erfolgreicher!

Übrigens! Ist es ok für Dich, wenn ich Dich auf den folgenden Seiten per »Du« anspreche? Es geht in diesem Buch nämlich hauptsächlich um Dich und Dein Unterbewusstsein und für Dein Unterbewusstsein ist die Ansprache »Du« viel einfacher verständlich. Ok?

Die meisten Menschen meinen, dass sie zu wenig Zeit hätten, um sich mit Lesen von Büchern zu beschäftigen. Möglicherweise gehörst auch Du zu diesen Menschen. Dann ist das Buch **»Glück & Erfolg kompakt!«** genau das Buch, das Du schon immer gesucht hast!

Viele Menschen sind beispielsweise deshalb so glücklich und erfolgreich, weil sie es immer schaffen, sich mit dem Wesentlichen zu befassen. Interessanterweise denken die meisten Menschen, dass sie auch für das Wesentliche keine Zeit haben:

»An einem Seeufer saß einmal ein Mann und versuchte mit den Händen Fische zu fangen, als ein Spaziergänger vorbei kam, stehen blieb und den Mann eine Weile beobachtete. Bis er irgendwann dem »Fischer« auf den Rücken klopfte und zu ihm sagte: »Junger Mann. Ich zeige Dir wie man ein Netz knüpft, damit Du viel schneller und viel mehr Fische fangen kannst!« Der »Fischer« war so sehr in sein »fischen« vertieft, dass er nicht aufblickte und sagte: ***»Dazu habe ich keine Zeit. Ich muss Fische fangen!«***

»Aber was ist das Wesentliche?« fragst Du nun.

Ein Ökonom würde es wahrscheinlich folgendermaßen erklären: »Wie komme ich mit einem Minimum an Aufwand und so schnell wie möglich von einem IST-Zustand zu einem SOLL-Zustand!«

Und weißt Du was? Das ist tatsächlich schon alles und mehr brauchst Du Dich eigentlich nie zu fragen. Alles im Leben eines jeden Menschen lässt sich in IST und SOLL einteilen. IST ist der Zustand, der jetzt ist und SOLL ist der Zustand, wie es irgendwann mal sein sollte, also Deine Ziele und Wünsche! Die alles entscheidende Frage lautet also:

»Wie erreichst Du mit möglichst wenig Aufwand, sehr schnell Deine Ziele und Wünsche und wie kämpfst Du gegen Deine Ängste und Deine Zweifel an?«

Viele Menschen befinden sich in der gleichen oder in einer ähnlichen Situation und haben keine Zeit für das Wesentliche, weil sie sich mit dem Unwesentlichen beschäftigen?

Genau aus diesem Grund ist dieses Buch entstanden. »**Glück & Erfolg kompakt!**« beinhaltet die wesentlichen Aspekte, die für ein erfolgreiches und glückliches Leben notwendig und unabdingbar sind. Und meine Aufgabe ist es diese Wahrheiten in einer einfachen, verständlichen Sprache auf den Punkt zu bringen!

Wir Menschen haben nur eine begrenzte Zeit auf dieser Welt zu leben. Niemand kann sagen, wie lang oder wie kurz sein Lebensweg sein wird. Einige Menschen sind der Ansicht, dass die Frist, die uns zur Verfügung steht, relativ kurz ist. Zu kurz jedenfalls, um auch nur einen Tag mit Niedergeschlagenheit, Ärger, Zorn, Unsicherheit und anderen negativen Gefühlsregungen zu vergeuden. Ein Tag, der nicht glücklich ist, mit guten Gefühlen und Gedanken gelebt wurde, ist ein verlorener Tag. Auch ein Leben ohne bestimmtes Ziel hat nicht den Inhalt und die Fülle, die es haben könnte. Verfolgen wir mit Energie und Beharrlichkeit eine bestimmte Sache, so werden wir mit Sicherheit weitaus glücklicher und erfolgreicher sein und es zu noch mehr bringen, als wenn wir ziel und planlos dahinleben.

Mach ab heute Dein Leben reicher und lebenswerter und nutze dazu »**Glück & Erfolg kompakt!**«. Du findest hier großartige Wahrheiten, die Du an Dir selbst erfahren kannst. Arbeite an Deinem Denken und an Deiner geistigen Haltung. Lerne eine positive geistige Haltung einzunehmen, die automatisch Dein Unterbewusstsein, und somit Dich selbst, auf den richtigen Weg führt! Durch die Beseitigung falscher bewusster, sowie unbewusster Geisteshaltungen, werden Deine Spannungen abgebaut, und ohne diese inneren Spannungen wird auch Dein Seelenleben harmonischer. Werden nun auch noch die Spannungen im körperlichen Bereich beseitigt, so ist die Harmonie von Seele, Geist und Körper erreicht.

Du denkst jetzt möglicherweise: »*Das habe ich alles schon mal irgendwo gehört und gelesen!*« Das ist richtig!

Was erwartet Dich also nun in »**Glück & Erfolg kompakt!**«? Das Buch wird als täglicher Begleiter für Dich da sein und Dir immer weiterhelfen, wenn Du über ein bestimmtes Thema nachdenkst oder an einem Punkt angelangt bist, an dem Du nicht weiter weißt. Du hast beispielsweise in diesem Moment negative Gedanken. Schlage dann einfach Seite 5 des Buches auf. Hier befindet sich das Inhaltsverzeichnis und Du kannst nach der Seitenzahl des Kapitels »Positiv denken« suchen. In diesem Kapitel werden die wesentlichen Aspekte angesprochen, so dass Du innerhalb von nur wenigen Minuten die Möglichkeit hast, Deine negativen wieder in positive Gedanken zu wandeln. Versuche es einfach! Du wirst sehen, dass es Dir innerhalb weniger Momente tatsächlich wieder besser geht!

Genauso ist das ganze Buch aufgebaut und außerdem sind die einzelnen Kapitel alphabetisch geordnet. Du hast nun einen ständigen Begleiter zur Hand, der Dir durch alle Lebenslagen helfen wird, wenn Du ihn verwendest...

Möge dieses Buch an mich erinnern!

Bernd M. Schmid

»Sei aktiv!«

Für viele Menschen ist es üblich, anderen – von den Eltern über den Nachbarn bis hin zum Staat – die Schuld am eigenen Versagen zu geben. Erfolgreiche Menschen lehnen eine solche Opfermentalität jedoch ab. Ihr Wahlspruch lautet: »Wenn ich etwas will, muss ich es selbst in die Hand nehmen.« Ihnen ist klar: Wenn jemand von sich sagt, ein anderer oder die Umstände verhinderten seinen Erfolg, gibt er die Kontrolle über sich aus der Hand. Mehr noch: Er gesteht damit ein, dass ein anderer mehr Einfluss auf sein Leben hat als er selbst.

Wenn Du Dein Leben aktiv selbst in die Hand nimmst, dann handelst Du eigenverantwortlich. Wer so denkt und handelt, der fragt sich immer, was er selbst im Rahmen seiner Möglichkeiten tun kann, um das zu bekommen, was er will. Als eigenverantwortlicher Mensch stelle ich meine eigenen Möglichkeiten in den Mittelpunkt all meiner Bemühungen und nicht die Gründe, warum etwas nicht geht. Ich sehe mich als Teil meiner Umwelt und nicht als Opfer, oder Spielball. Mir ist bewusst, dass alles was ich tue, Auswirkungen auf meine Umgebung hat und dass ich meine Umgebung durch mein Denken und Handeln mitbestimme. Ich weiß, dass ich ein Teil des Systems bin und damit ein Stück Verantwortlichkeit für das Ganze trage. Und wenn etwas schief läuft, dann weiß ich, dass ich durch mein Denken und Tun zu einem gewissen Teil dazu beigetragen habe.

Ich frage dann aber nicht, wer Schuld an meiner Situation ist, weil ich weiß, dass mich das nicht weiterbringt. Ich suche nicht den oder die Schuldigen, sondern ich frage mich: »Was will ich und was kann ich tun, um das Problem zu lösen?«.

Und weil ich nicht nach dem oder den Schuldigen suche, muss ich auch keine Erklärungen oder Ausreden erfinden, die klarmachen, dass ich selbst nicht der Schuldige bin. Ich handele mehr, als ich mich beklage. Ich bin ein Mensch der Tat, der selten jammert, sondern eher etwas verändert. Und wenn ich nicht dazu bereit bin oder keine Möglichkeiten sehe, etwas zu verändern, dann akzeptiere ich das und lebe damit.

Ich glaube nicht, dass ich alles erreichen kann, sondern ich kennen meine Möglichkeiten und Grenzen. Und indem ich etwas dafür tue, was ich will, dann lerne und wachse ich und verschiebe meine Grenzen immer weiter und vergrößere den Kreis dessen, was für mich möglich ist.

Weil ich eigenverantwortlich denke und handele, weiß ich, dass ich nicht alles alleine bewältigen kann und muss. Ich suche mir gezielt Unterstützung und Hilfe, wenn ich nicht mehr weiter weiß. Aber auch dann gebe ich meine Verantwortung nicht an andere ab, sondern schaue genau, ob mich die Unterstützung wirklich weiterbringt.

»Einen Vorsprung im Leben hat,
wer da anpackt, wo die anderen erst einmal reden.«

John F. Kennedy

»Anerkennung«

»Wer was gelten will, muss andere gelten lassen.«

Johann Wolfgang von Goethe (1749-1832)

Der Begriff Anerkennung wird auch als Synonym für Akzeptanz, Lob oder Respekt verwendet. Gegenseitige Anerkennung ist notwendig für jede Art von Zusammenleben, z. B. in der Ehe, in einer Schulklasse oder auch im Beruf. Wird ein Gruppenmitglied nicht anerkannt, gerät es schnell in Gefahr, zum Außenseiter zu werden.

Der Wunsch nach Anerkennung ist normal und verständlich. Wir wollen, dass andere sehen und schätzen, was wir tun. Wir wollen wichtig genommen und respektiert werden. Eine Form, wie wir anderen zeigen können, dass wir sie achten, sind Komplimente.

Ehe wir jedoch andere aufrichtig bewundern, respektieren und lieben können, müssen wir zuerst uns selbst respektieren und lieben können. Das fällt vielen von uns sehr schwer. Kein Wunder. Wenn wir mit sehr viel Kritik und Ablehnung aufgewachsen sind, dann denken wir, dass etwas mit uns nicht stimmt und wir fühlen uns minderwertig. Wie aber sollen wir uns selbst respektieren und lieben, wenn wir denken, etwas stimme nicht mit uns? Das ist unmöglich.

Problematisch wird es, wenn wir glauben, ohne die Anerkennung der anderen nicht leben zu können, wenn wir uns einreden, ohne die Anerkennung anderer nichts wert zu sein. Dann machen wir uns nämlich von anderen abhängig, getrauen uns aus Angst vor Ablehnung nicht, etwas zu tun, was bei anderen auf Ablehnung stoßen könnte und sind deshalb nicht frei in unseren Entscheidungen. Wir führen ein fremdbestimmtes Leben. Deshalb sagt Deepak Chopra auch:

»Wer nach Anerkennung sucht,
kann keine wahre Freiheit empfinden.«

Um ein selbstbestimmtes Leben führen zu können, müssen wir lernen, uns selbst Mut zu machen, wenn wir keine Bestätigung bekommen, uns selbst den Rücken zu stärken, wenn wir uns schwach fühlen. Je unabhängiger wir von der Anerkennung anderer sind, umso freier sind wir und umso mehr können wir uns entfalten. Voraussetzung hierfür ist jedoch, dass wir uns selbst annehmen und respektieren. Ein ganz wichtiges Merkmal erfolgreicher und zufriedener Menschen ist: Sie machen sich nicht abhängig von der Anerkennung anderer. Sie tun, was sie für richtig halten und leben ihr Leben, wie sie es für richtig halten. Wenn sie von anderen keine Anerkennung bekommen, sind sie vielleicht enttäuscht, sie gehen jedoch unbeirrt ihren Weg weiter und geben sich selbst die Anerkennung, die andere ihnen verweigern.

Wenn wir aber nun Anerkennung aussprechen und damit zeigen, dass wir die Idee des anderen akzeptieren, ist er bereit, sich auch unsere anzuhören. Und Anerkennung brauchen wir nun einmal wie die Luft zum Atmen. Anerkennung heißt: Die Meinungen, Vorstellungen, Ideen und Taten des Partners - von seinem Standpunkt aus - als richtig anzuerkennen. Anerkennung geben heißt: Den anderen akzeptieren, tolerieren und verstehen - also etwas, was wir tun, wenn wir einen Partner »erobern« wollen. Wir zeigen Verständnis für seine Lage, finden seine Ideen toll, begeistern uns für seine Hobbys, finden seinen Beruf großartig und erkennen das an, was er tut und denkt.

»Der Neid ist die aufrichtigste Form der Anerkennung.«

Wilhelm Busch

»Aufmerksamkeit«

Erst im gemeinsamen Leben mit einem Menschen lernen wir seinen moralischen Charakter kennen, erst im Gespräch mit ihm/ihr sehen wir, ob er/sie einen reinen Geist hast. In schweren Zeiten erkennen wir deren Kraft, im Umgang mit ihm/ihr lernen wir deren Weisheit kennen. Doch für all das brauchen wir Zeit und müssen aufmerksam sein. Aufmerksamkeit, Einfühlungsvermögen und Intelligenz, ohne sie kennen wir einen Menschen nicht.

»Respekt gibt uns die Aufmerksamkeit wieder – die Qualität der Makellosigkeit in dem, was wir tun. Respekt und Vertrauen nähren einander und bringen geschicktes Handeln hervor. Wenn wir den Respekt in unserem Leben pflegen, sehen wir die Welt in einem anderen Licht. Die Aufmerksamkeit, die sich aus dem Schenken von Respekt ergibt, verändert unsere Art und Weise, mit der Gesellschaft umzugehen. Wir beginnen die Möglichkeiten des Dienens zu erkunden. Wir finden heraus, was es heißt aktiv darauf zu achten, was getan werden muss, und unsere Energie dann in diese Unterfangen zu stecken. Das Mitgefühl motiviert uns zum Handeln, und die Weisheit stellt sicher, dass die Mittel wirksam sind.«

Joseph Goldstein

»Sich mit anderen zu freuen, ohne Neid, ohne Missgunst, ist eine Gabe, die man nur selbst in sich entwickeln kann und soll, und es kann anfangs sehr schwer fallen. Dennoch, man muss seinen Willen und seine Aufmerksamkeit schulen, denn Glück zu empfinden ist das, wonach wir im Grunde streben. Und wer fähig ist, an anderen Glück ehrlich teilzuhaben, erlebt viel mehr Glück als jener, der Neid empfindet.«

Bernd M. Schmid

Illustration by Lukas Luke Drak
www.luckyworld.cz

»Barmherzigkeit«

Barmherzigkeit ist die Bereitschaft, gut von anderen zu denken und ihnen Gutes zu tun. Barmherzigkeit ist universelle Liebe. Sie ist Großzügigkeit gegenüber den Armen. Sie ist Wohlwollen. Das, was gegeben wird, um die Armut zu lindern, ist Barmherzigkeit. Im allgemeinen Sinn bedeutet Barmherzigkeit Liebe, Wohlwollen und Freundlichkeit. Im theologischen Sinn ist sie universelles Wohlwollen gegenüber den Menschen und höchste Liebe zu Gott.

Wahre Barmherzigkeit ist der Wunsch, anderen nützlich zu sein, ohne an Belohnung oder Ertrag zu denken. Barmherzigkeit ist tätige Liebe. Barmherzigkeit beginnt zu Hause, aber sie muss nach außen gehen, denn die ganze Welt ist Dein Zuhause. Du bist ein Weltbürger. Entwickle ein großzügiges Gefühl des Wohlwollens für die ganze Welt...

Jede gute Tat ist Barmherzigkeit. Dem Durstigen etwas Wasser zu geben, ist Barmherzigkeit. Ein ermunterndes Wort an den Verzweifelten zu richten, ist Barmherzigkeit. Ein bisschen Medizin dem armen Kranken zu geben, ist Barmherzigkeit. Einen Dorn oder Glassplitter auf der Straße zu beseitigen, ist Barmherzigkeit. Freundlich und liebevoll zu sein, ist Barmherzigkeit. Ein bisschen Schaden, den man Dir zugefügt hat, zu vergessen und zu vergeben, ist Barmherzigkeit. Ein freundliches Wort, das man einem Leidenden sagt, ist Barmherzigkeit. Barmherzigkeit beschränkt sich nicht auf Maßstäbe von Dollars oder Euro, die man gibt. Denke gut über leidende Menschen. Bete für Ihr Wohl. Das wird mehr Gutes bewirken als viel Geld...

»Barmherzigkeit beginnt im eigenen Haus –
aber sie sollte nicht auch dort enden.«

Deutsches Sprichwort

Lukas Luke Drak In Action
www.luckyworld.cz

»Die Berechtigung etwas zu besitzen«

Das, was wir anderen Menschen nicht aus vollem Herzen gönnen, werden wir selbst kaum erhalten können. Alles, was wir ohne Berechtigung erhalten haben, wird uns keine Freude bereiten oder nicht von Dauer sein. Im Folgenden sind 6 Punkte aufgeführt, die für diese Berechtigung notwendig sind:

1. Um zu erhalten, müssen wir in irgendeiner Form geben, z.B. arbeiten.

2. Wir sollten zum Geben unbedingt eine positive, uneigennützige Einstellung haben.

3. Erst müssen wir daran glauben und uns vorstellen können, das Erwünschte auch zu besitzen.

4. Unser Gewissen muss es uns »erlauben«.

5. Wir müssen es wirklich und uneingeschränkt wollen.

6. Wir müssen es jedem anderen Menschen ebenfalls gönnen.

Wenn wir uns nun aus diesen Erkenntnissen heraus fragen, warum manche »Gebete« von uns nicht »erhört« werden, brauchen wir uns nicht mehr zu wundern...

»Besitz ist notwendig.
Aber es ist nicht notwendig,
dass er immer in denselben Händen bleibt.«

Rémy de Gourmont (1858-1915)

Father & daughter - LOVE forever
www.Finanz-Punk.de

»Lebe bewusst!«

Etwas, was erfolgreiche Menschen am meisten von ihren Mitmenschen unterscheidet, ist die Fähigkeit, bewusst zu leben. Das heißt, genau das zu tun, wozu sie ihrer Meinung nach auf der Welt sind. »Ein bewusstes Leben zu führen ist die wichtigste Voraussetzung, um seine Fähigkeit voll zu nutzen«, erklärt Wayne Dyer - Autor des Buches »**Der wunde Punkt**«.

Wer nicht bewusst lebt, wendet nur so viel Energie auf, dass er mit möglichst wenigen Problemen gerade so über die Runden kommt. Wer dagegen bewusst lebt, ist in erster Linie darauf bedacht, seine Sache richtig zu machen. Er liebt seine Arbeit - und das können wir auch sehen. Alle wollen mit ihr oder ihm zusammenarbeiten, weil sie seinen Einsatz spüren.

Wie können wir also bewusst leben?

Indem wir uns für eine Sache entscheiden, an die wir glauben, und um sie herum eine berufliche Tätigkeit aufbauen.

»Mit Glauben allein kann man sehr wenig tun,
aber ohne ihn gar nichts.«

Samuel Butler

Illustration by Rudi Kruta (2007)

»Bewusstsein«

Was Bewusstsein ist, können wir uns am besten an Hand unangenehmer Situationen klarmachen. Wenn wir beispielsweise Schmerzen haben, dann erleben wir diese bewusst. Unbewusste Schmerzen gibt es nicht. Schmerz bedeutet immer, dass ein Subjekt sie bewusst erlebt, unter ihnen leidet. Ebenso ist es mit positiven Empfindungen. Freude ist immer etwas bewusst Erlebtes. Es gibt keine unbewusste Freude. Bewusstsein ist also eine Sammelbezeichnung für unsere Wahrnehmungen, Bedürfnisse, Gefühle, Gedanken, Vorstellungen,... soweit uns diese eben bewusst sind.

Es gibt verschiedene Bewusstseinsqualitäten. Es gibt dumpfen, dunklen Schmerz, wenn er beispielsweise durch starke Medikamente gedrosselt wird. Traumbewusstsein ist gegenüber dem Wachbewusstsein dumpfer, wenig klar. Ebenso wie durch Drogen getrübtes Bewusstsein - es soll auch Drogen geben, die bewusstseinssteigernd sind, allerdings sollten wir am besten die Finger von allen Arten von Drogen lassen. Auch das Bewusstsein unterschiedlich hochentwickelter Wesen ist qualitativ verschieden:

Tier - Mensch, Kind - Erwachsener, Gebildeter oder ungebildeter Mensch... Doch gerade wenn es um unterschiedliche Qualitäten von Bewusstsein geht, sind die Grenzen zu Begriffen wie Geist, Gefühl, Intelligenz, Verstand, Vernunft,... fließend.

Neben der Bedeutung »bewusstes Sein«, bedeutet Bewusstsein in der Philosophie auch häufig die Summe der Meinungen, des Glaubens, der Theorien,... die ein Mensch hat. Wir sprechen dann auch davon, dass andere Menschen »ein falsches Bewusstsein haben«. Mit anderen Worten: Sie haben andere Überzeugungen!

Es gibt in vielen Philosophien und Religionen die Vorstellung – die in den Details allerdings wieder variieren –, dass es ein Weltbewusstsein gibt, innerhalb dessen sich alles abspielt. Materie ist demnach nur eine Bewusstseinsform. Die individuellen Einzelbewusstseins sind somit vorübergehende Komplexe von Inhalten des Weltbewusstseins, die eine besondere Verbindung zueinander und eine besondere Abgrenzung zu anderen Inhalten des Weltbewusstseins haben. Bewusstsein ist ein Begriff der neuzeitlichen Philosophie. In der Antike und im Mittelalter wurde in diesem Zusammenhang von Geist gesprochen. Das lateinische Wort »conscientia« bedeutete Bewusstsein und Gewissen.

Wenn ich mich auf das konzentriere, was ich unmittelbar erlebe, dann bemerke ich, dass ich mich unmittelbar als Körper und Bewusstsein erlebe. Wie das Verhältnis dieser beiden Erscheinungen ist, zum Beispiel ob eine dieser Erscheinungen Ursache der anderen ist, ist eines der ältesten Fragen der Philosophie. Manch Philosoph behauptet, dass es nur Bewusstsein gibt. Erscheinungen, die wir mit Begriffen wie Körper oder Materie belegen, sind demnach nur spezifische Bewusstseinsformen Andere Philosophen leiten das Bewusstsein aus dem Sein ab – das Sein bestimmt das Bewusstsein. Kant unterschied zwischen dem Bewusstsein aller Einzelvorstellungen. Dem empirischen Bewusstsein und dem Bewusstsein überhaupt, dem transzendentalen Bewusstsein, das allen konkreten Erfahrungen vorausgeht. Damit die Einzelvorstellungen verbunden werden können, bedarf es eines solchen übergeordneten Bewusstseins.

»Gehe du deinen Weg und lass die Leute reden.«

Dante Alighieri

»Chance«

Das ist die Geschichte des Bauern Al Hafed, der im alten Persien lebte. Eines Tages erfuhr Al Hafed von einem greisen Schriftgelehrten zum ersten Mal in seinem Leben etwas über Edelsteine. »Sie sind sehr wertvoll«, sagte der Alte. »Ein einziger Diamant, nicht größer als dein Daumen, ist soviel Wert wie zwölf Bauernhöfe.« Mit einem Schlag war Al Hafed ein armer Mann. Arm, weil er auf einmal unzufrieden war und dachte, dass er arm sei. Er verkaufte Haus, Hof und Felder und begab sich auf die Suche nach den geheimnisvollen Edelsteinen, nach den Diamanten. Zunächst schürfte er im eigenen Land. Doch erfolglos. Dann zog er weiter nach Palästina und Ägypten. Als er auch dort nichts fand, durchstreifte er halb Europa, doch nirgendwo machte er sein Glück. Jahre um Jahre vergingen, bis er schließlich all seinen Besitz aufgebraucht hatte und eines Tages, in Lumpen und dem Verhungern nahe, bettelarm an der spanischen Küste landete. Dort stand er nun zu Füßen der Säulen des Herakles, wie man die Felsen auf beiden Seiten der Straße von Gibraltar nennt. Mit leeren Augen blickte er in die Wellen, stürzte sich ins Wasser und ertrank. Der Mann aber, dem einst Al Hafed seinen Hof verkauft hatte, führte eines Tages sein Kamel zur Wasserstelle im Garten und sah plötzlich im flachen Wasser Diamanten aufblitzen, die - wie sich später herausstellte - zu den größten Diamantfeldern der Erde zählten. Warum denn in die Ferne schweifen, denn die Chancen liegen so nah…

»Zu viele Menschen denken an Sicherheit statt an Chancen. Sie scheinen vor dem Leben mehr Angst zu haben als vor dem Tod.«

James F. Byrnes (1879-1972)

Illustration by David John Lloyd
www.lloyddjartist.com

»Dankbarkeit«

Angenommen, Du hast Gäste eingeladen und Dir große Mühe gegeben, die Wohnung zu reinigen und aufzuräumen. Außerdem hast Du Stunden damit verbracht, um einzukaufen und ein besonders aufwendiges Essen zuzubereiten. Deine Gäste kommen und beginnen sofort damit, über alles Mögliche zu lästern und zu kritisieren. Sie erzählen Dir, was ihnen alles nicht gefällt. Kaum beim Essen, und es geht weiter. Die Kartoffeln sind zu hart, der Spargel zu holzig, zu wenig Soße, der Nachtisch ist zu süß und der Kaffee zu schwach.

Was würdest Du mit solchen Gästen tun - rauswerfen oder zumindest am liebsten rauswerfen?

Können wir nicht froh sein, dass wir als Besucher auf dieser schönen Erde nicht schon lange rausgeworfen wurden?

Noch nie zuvor - in der gesamten Geschichte der Menschheit - hat es so viele Menschen gegeben, die ihr Schicksal zum großen Teil selbst mitbestimmen konnten! Noch nie zuvor konnten so viele Menschen selbst aussuchen, womit sie ihren Lebensunterhalt verdienen wollen. Noch nie zuvor gab es so gute ärztliche Versorgung. Noch nie zuvor haben so viele Menschen eine eigene Toilette, fließendes Wasser und Strom gehabt.

Und es scheint, dass noch nie zuvor so viele Menschen undankbar waren!

Es ist auffallend, dass dankbare Menschen das Leben viel glücklicher und intensiver erleben. Und es ist auffallend, dass dankbare Menschen reicher, gesünder, glücklicher und erfüllter leben. Ab heute kannst Du dazugehören, indem Du dankbar bist für das was Du bist, für das was Du besitzt und für das, was Du geschenkt bekommst. **Sei dankbar!**

»Begegnet uns jemand, der uns Dank schuldig ist, gleich fällt es uns ein. Wie oft können wir jemand begegnen, dem wir Dank schuldig sind, ohne daran zu denken!«

Johann Wolfgang von Goethe

»Eins nach dem Anderen!«

Kennst Du die Situation? Das Telefon klingelt, die Haustürglocke schellt und die Milch auf der Herdplatte fängt jeden Augenblick an zu kochen, während Du gerade auf der Toilette sitzt.

Da gibt es nun den Menschen, der nicht einmal die Hose hochzieht, an die Tür läuft, um dem Besucher zu sagen, dass das Telefon klingelt, an das Telefon stolpert, um sich zu entschuldigen, dass die Milch überkocht, um letzten Endes eine halbe Stunde in der Küche damit beschäftigt ist, die inzwischen hart und schwarz gewordene Milch vom Herd zu kratzen.

Oder den Menschen, der sich beim Entfernen der Milchreste sagt: *»Das hab' ich nun davon, weil Du mich gerade jetzt besuchen bzw. sprechen wolltest. Wartet bis ich fertig bin oder geht wieder.«*

Oder den Menschen, der bevor er zur Toilette ging, die Milch vom Herd genommen hat, und sich sagt: *»Wäre ich jetzt beim Einkaufen, könnte ich weder das Telefon abnehmen noch die Haustür öffnen. Wenn es wichtig ist, meldet er sich bestimmt noch einmal.«*

Also! Eins nach dem anderen!

»Ich strebe nach Wachstum. Ich strebe nach Größe. Ich strebe nach strategischem Arbeiten. Wer aufhört zu wachsen, bleibt auf der Strecke.«

David Vandeven

Finanz Punk mit Lucky
Illustration by Lukas Luke Drak
www.luckyworld.cz

»Die richtige Entscheidung«

»Es ist viel besser, unvollkommene Entscheidungen zu treffen, als ständig nach vollkommenen zu suchen, die es niemals geben wird!« Charles de Gaulle

Ich hatte früher, als ich angefangen habe, mich mit dem Schreiben von Büchern zu beschäftigen, nicht die geringste Ahnung, wie ich einen Verlag finde, wie ich ein Anschreiben an einen Verlag so formuliere, dass es nicht im Papierkorb landet und wie ich erkenne, ob ich beim richtigen Verlag bin. Ich hatte absolut keine Ahnung, wie ich ein Buch verkaufe. Ich wusste ganz am Anfang nicht einmal, wie ich eins schreibe. Ich traf nur die Entscheidung, dass ich eins schreiben werde und weißt Du was? Es hat funktioniert, denn Du hältst eines meiner Bücher jetzt in Deiner Hand, weil ich gelernt habe zu wissen, dass die Entscheidungen, die ich treffe, richtig sind.

Wenn Du das auch lernen möchtest, dann lies einfach weiter. Mach aber nicht den Fehler, »es nur mal auszuprobieren, ob es bei Dir auch funktioniert«. Entweder Du hast die richtige innere Einstellung und bist fest davon überzeugt, dass es so ist oder Du wartest noch, bis Du diese Einstellung hast. Wichtig ist zuerst, dass Du es wirklich willst, dann erst fragst Du nach dem »wie«.

»Ein Mann, der das Bogenschießen lernte, stellte sich einmal mit zwei Pfeilen vor der Zielscheibe auf. Darauf wies ihn sein Lehrer zurecht: »Anfänger dürfen nie über zwei Pfeile auf einmal verfügen. Sie verlassen sich sonst auf den zweiten und gehen sorglos mit dem ersten um. Sie sollten lieber davon überzeugt sein, dass die ganze Entscheidung von dem einen Pfeil abhängt, den sie gerade aufgelegt haben.«

Yoshida Kenko (1283-1350)

Illustration by Lukas Luke Drak
www.luckyworld.cz

»Es geht!«

»Die Hummel hat 0,7 cm^2 Flügelfläche und wiegt 1,2 Gramm. Nach den Gesetzen der Aerodynamik ist es unmöglich, bei diesem Verhältnis zu fliegen. Die Hummel kennt die Gesetze der Aerodynamik allerdings nicht und fliegt trotzdem!«

Es gibt 2 Sorten von Bergsteigern, und Du hast im Anschluss an diese Geschichte die Wahl zu entscheiden, zu welcher Gruppe Du gehören willst.

Die eine Gruppe trifft sich jeden Tag im »Bergstüberl« (gibt es auch bei Dir um die Ecke und Du kennst es ganz bestimmt). Die Älteren erzählen, wie es damals angeblich war und die Jüngeren, wie es sein könnte. Sie erzählen sich die tollsten Sachen: *»Wie ich damals auf den Berg rauf bin, wie es dann angefangen hat zu schneien, wie ich wieder absteigen musste, ohne Pickel und ohne Seil.«* Und sie erzählen sich, wie sie es den anderen noch zeigen werden, wenn nur das Bein mitmachen würde, wenn ich nur Zeit hätte, wenn ich doch mal...

Gegen diese Jungs ist Reinhold Messner ein wahrer Waisenknabe. Mit einem Unterschied, der Reinhold Messner war wirklich oben. Und damit sind wir bereits bei der zweiten Gruppe, die mit Bergstiefeln, Rucksack, Kondition in dasselbe »Bergstüberl« kommen, um sich zu stärken, den Plan durchzusprechen und einfach auf den Berg gehen. Sobald sie nur einen Fuß aus der Hütte gesetzt haben und in Richtung des Berges gehen, unterliegen sie dem »Gesetz des Berges«: ***Mit jedem Schritt geht es aufwärts.***

Nur ein Trottel würde behaupten, es geht nicht, nur weil man durch die Naturgegebenheiten ab und zu ein paar Schritte abwärts machen muss, um weiter noch oben zu kommen und denk dabei immer an die Hummel, die eigentlich gar nicht fliegen könnte, aber es trotzdem tut!

David Vandeven + Finanz Punk
(Gipfeltreffen im Oktober 2015)

»Freiheit«

Freiheit ist die Möglichkeit, über Dein eigenes Leben unabhängig von anderen zu verfügen, und Deine eigene Persönlichkeit ungehindert entfalten zu können. Freiheit ist die individuelle Möglichkeit, ohne Zwang zwischen verschiedenen Handlungsmöglichkeiten auswählen und entscheiden zu können. Niemand kann zu etwas gezwungen werden, was gegen seinen persönlichen Willen ist.

Was verstehen wir in der Gesellschaft unter Freiheit? Ein Zustand, in dem der Betreffende von bestimmten, persönlichen oder gesellschaftlichen, als Zwang oder Last empfundenen Bindungen oder Verpflichtungen frei ist und sich in seiner Entscheidung nicht eingeschränkt fühlt. Hat Freiheit vielleicht auch etwas mit Liebe und Geborgenheit zu tun? Einem Kleinkind stellt sich die Frage nach Freiheit gar nicht. Es lebt glücklich und frei in der Geborgenheit und Liebe der Mutter und der intakten Familie. Das Gefühl der Unfreiheit fängt erst an, wenn wir diesen Beziehungsrahmen verlieren und das uneingeschränkte Vertrauen schwindet. Dann beginnen die Sorgen, Ängste und Machtkämpfe...

Wenn Du in der Lage bist zu jeder Zeit und an jedem Ort, das zu tun, was Du wirklich willst, dann bist Du tatsächlich frei. Das bedeutet aber auch, dass Du jederzeit die Möglichkeit hast, Deinem eigenen freien Willen folgend, Nein zu sagen, wenn Du mit der Situation, in der Du gerade bist, nicht glücklich oder nicht zufrieden bist. Wirklich frei kann nur der sein, der uneingeschränktes Vertrauen hat. Trifft das bereits auf Dich zu?

»Das Sklavenglück der Schosshunde lässt den alten Wolf kalt. Während sie noch an der Leine winseln, läuft er stolz durch den tiefen Wald. Und nichts und niemand kann ihm seine Freiheit nehmen. Ihr könnt ihn zwar einsperren, doch niemals zähmen.«

Bernd M. Schmid

Illustration by Lukas Luke Drak
www.luckyworld.cz

»Freude und Begeisterung«

Die Freude ist das Salz des Lebens. Menschen, die sich nicht freuen können, leben eigentlich nicht mehr wirklich. Mit dem Abstumpfen des Gefühls der Freude sind bei diesen Leuten meist auch andere Empfindungen gestorben. Die Fröhlichkeit ist ein großes Reservoir, von dem aus unser ganzes Gefühlsleben gespeist und gestärkt wird.

Kommt zur Freude noch Begeisterung, so haben wir ein wunderbares mächtiges Gefühls und Energiepotential. Begeisterung reißt mit, steckt an und überzeugt. Ein Verkäufer, der von seinem Angebot selbst begeistert ist, wird weitaus erfolgreicher sein, als der Kollege, der ohne Begeisterung verkaufen möchte. Mache ab jetzt alles, was Du tust, mit Überzeugung, Freude und Begeisterung und Du wirst sehen: Es geht alles viel leichter.

Der Funke der Begeisterung wird auf andere überspringen und somit hast Du schon fast gewonnen. Wenn Du Glück, Gesundheit und Erfolg erlangen willst, sind Freude und Begeisterung große verbündete Mächte.

Fröhlichkeit hat eine bestimmte »Wellenlänge«. Nimm diese in Dir auf und lass Dich von diesen »Wellen« mittragen und mitreißen. Fröhlichkeit beschwingt nicht nur Dich selbst, Du steckst damit auch Deine Umgebung an. Mit Menschen, die eine ruhige Freude ausstrahlen, arbeitet jeder gerne zusammen und sie sind überall willkommen.

Körper, Geist und Seele sind eine untrennbare Einheit. Wenn Dein Seelenleben gestört ist, treten mit der Zeit körperliche Störungen auf. Ein Mensch, der sich beispielsweise dauernd ärgert, ist auf jeden Fall anfälliger für ein Magengeschwür, eine nervöse Verdauungsstörung oder andere schwerwiegende Krankheiten, als einer, der immer gut gelaunt durchs Leben geht. So wirkt sich Fröhlichkeit auf Deine Gesundheit aus.

Entscheide Dich jetzt für ein fröhliches, von Begeisterung durchdrungenes Leben. Schwimme mit auf dem Strom der Freude – es wird Dir alles leichter fallen und Du wirst Dich bereichert fühlen. Versuche ab heute alles, was Du tust, mit Freude und Begeisterung zu tun. Lass das Gefühl der Freude in Dir wachsen, bis Fröhlichkeit und Begeisterung Dein ständiger Begleiter sind. Freude und Fröhlichkeit sind große Kraftspender, an denen Du Dich immer wieder stärken kannst.

Vielleicht wirst Du jetzt sagen: »Wie oder an was soll ich mich erfreuen, wenn es mir schlecht geht, wenn ich krank oder arm bin« und so weiter. Sind das Deine Fragen oder Einwände? Wenn ja, dann müssen wir Dir leider mitteilen, dass es höchste Zeit für Dich ist umzuschalten, um wieder zu lernen, wie Du Dich freust.

Höre Musik, die Dir gefällt. Wer könnte sich dem Zauber der Walzer von Johann Strauß, schönem Jazz oder anderer zu Herzen gehender Musik entziehen? Zahllose schöne Opern oder Operettenmelodien sind uns zur Freude geschaffen worden. Volkslieder und Schlager bringen Freude und Fröhlichkeit. Die Werke der Klassiker berühren uns tief – beispielsweise Beethovens gewaltige Sinfonien. Tanke Freude und Kraft an der Musik, die Dir gefällt!

Freude bringen auch Tiere und Pflanzen. Ein sich ständig freuender Hund, ein vorbeifliegender Schmetterling, ein Blumenstrauß. Auch an »scheinbar« toten Dingen kannst Du Dich erfreuen: An Deinem Haus, an Deinem Auto, an Bildern, Büchern und Möbeln...

Du kannst dadurch auch erkennen, dass Du nicht immer einen besonderen Grund zur Freude brauchst. Fast alles ist dazu geschaffen, uns gute Laune zu schenken – Du musst es nur erkennen.

Mach es mit der Begeisterung ähnlich. Versuche Dich für alles, was zu tun ist, zu begeistern. Benutze die Begeisterung, die Du bei Dingen empfindest, die Du gerne tust und versuche diese so oft wie möglich nachzuempfinden. Fußballspiele und andere Sportveranstaltungen wecken Begeisterung, auch Hobbies, Musikveranstaltungen, berufliche Dinge, die Freude machen, rufen Begeisterung hervor. Nimm diese mit ins tägliche Leben.

Wenn Du Dich richtig von Herzen freust, versuche dieses Gefühl möglichst lange in Dir wach zu halten. Versuche diese Gefühl möglichst oft bei allen Gelegenheiten nachzuempfinden, beispielsweise bei der Arbeit und Dingen, die Du nicht gerne tust. Mach es mit Begeisterung genauso! Dein muss es sein, immer von einem freudigen Glücks und Begeisterungsgefühl erfüllt zu sein. Übe mindestens eine Woche lang, tiefe Freude und Glücksgefühle zu empfinden, und Begeisterung für alles zu entwickeln, besonders in Bezug auf Deine Ziele und Wünsche...

»Freude, mein Lieber, ist die Medizin dieses Lebens! Ich freue mich, wenn ich Gutes von anderen höre, wenn irgend jemand auf unserer traurigen Erde glücklich ist, ja selbst, wenn mein Hund mit dem Schwanz wedelt und die Katzen in irgendeiner Ecke zufrieden schnurren.«

Ernest Hemingway (1899-1961)

Illustration by Lukas Luke Drak
www.luckyworld.cz

»Die Kraft der Gedanken«

Wir sind was wir denken. Worauf wir unsere Gedanken richten, also mit was wir uns beschäftigen, bekommt Energie, wächst und wir ziehen es magnetisch in unser Leben. Das ist keine Esoterik. Spätestens seit sich die Quantenphysik mit dem »Gesetz der Anziehung« beschäftigt, ist es wissenschaftlich bewiesen, dass wir tatsächlich das sind, was wir denken.

Unsere Gedanken sind die Basis, die Grundlage für die Ergebnisse in unserem Leben. Die Quantenphysik sagt: Alle Chancen dieses Universums gibt es bereits. Wir gehen mit der Chance in Resonanz. Das bedeutet, dass wir eine Chance anziehen, die unserer Einstellung und unserem Denken entspricht. Somit wählen wir durch unser Denken die Realität, die wir erleben.

»Wie ziehe ich dann eine Realität an, die ich überhaupt nicht möchte?« fragen sich die Menschen immer und immer wieder. Solltest Du Dir diese Frage auch manchmal stellen, dann ist es Zeit, Dir Gedanken darüber zu machen. Denkst Du möglicherweise überwiegend negativ? Über andere, über Gott und die Welt und merkst nicht, dass Du es bist, der sich dadurch seine negative Existenz kreiert, da Du das Prinzip des Lebens nicht kennst? Denkst Du möglicherweise überwiegend an Dinge, die Du nicht willst? Das Gesetz der Anziehung kann beispielsweise mit dem Wörtchen »nicht« nichts anfangen. Wenn Du also denkst: »Ich möchte nicht arbeitslos werden, dann erkennt das Gesetz der Anziehung: »Ich möchte arbeitslos werden!«

Warum denken wir dann nicht einfach immer positiv und nur das Beste?

Das hat zwei Gründe: Erstens, weil wir das Prinzip des Denkens und der Realitätserschaffung kennen müssen. Es sollte uns bewusst sein, wie im Alltag unsere Gedanken unsere Realität erschaffen. Einmal »Ich habe Geld« zu denken reicht nicht denn zweitens:

Weil wir zu 97% durch die so genannten Muster und Prägungen aus dem Unterbewusstsein »gedacht und gelebt« werden. Wir reagieren ständig mit unseren Denk und Verhaltensmustern, die wir uns wie Programme vorstellen können, die durch Impulse aktiviert werden. Tatsächlich lenkt uns diese unterbewusste Ebene ständig. Es ist der Antriebsmotor unseres Lebens, der stets im Außen verwirklicht, was wir im Innern sind. Unser Unterbewusstsein ist der Teil von uns, der die Realität erschafft.

Diese Prägungen und Muster, das gesamte Konzept des Unterbewusstseins ist ein Teil der Evolutionsidee, der erforderlich war, dass wir Menschen uns überhaupt von Generation zu Generation zu dem entwickeln konnten, was wir heute sind. Es ist sicherlich insgesamt noch kein Idealzustand - schließlich geht die Entwicklung permanent weiter -, aber heute stehen uns bereits alle Erkenntnisse zur Verfügung, die wir benötigen, um ein vollkommenes Leben in Harmonie, Glück und Wohlstand leben zu können, denn diese Vollkommenheit haben wir in uns und beeinflussen diese durch unser Denken.

Im Alltag sind es die Prägungen und die Muster die verhindern, dass wir unser vollkommenes Potential erkennen und entfalten können. Gedanken erzeugen Emotionen. Die Emotionen sind es, die Realität erschaffen. Oberflächliche Gedanken, die zu keiner emotionalen Veränderung unserer Einstellung führen, bewirken nicht nur nichts, sondern sogar das Gegenteil. Wir müssen lernen so zu denken, dass sich tatsächlich unsere tiefste Einstellung und somit unsere Emotionen verändern. Sich einmal hinzusetzen und »Ich bin reich« oder »Ich bin gesund« zu denken reicht nicht, um wirkliche Veränderungen zu bewirken. Wir benötigen eine tief greifende Veränderung unserer Einstellung und Ausrichtung, damit unser alltägliches Denken auf das gerichtet ist, was wir wirklich wollen. Wir müssen unsere Einstellung und Ausrichtung bewusst und dauerhaft positiv und im Einklang mit den Naturgesetzen verändern.

Um nun - nach Jahren des Chaos und Mangels? - Dein Leben wieder strukturiert, organisiert, glücklich und erfolgreich zu leben und zu genießen, solltest Du Dich intensiv mit dem Kapitel »Autosuggestion« (Seite 29) regelmäßig beschäftigen…

Aus Gedanken werden Gefühle, aus Gefühlen werden Taten und aus den Taten ergeben sich Erfolge.

So einfach ist das tatsächlich...

»Schlimme Ereignisse sollten uns nicht verführen zu denken, denn es könnte nicht noch viel schlimmer kommen.«

Christa Schyboll (*1952)

www.Finanz-Punk.de

»Die 7 geistigen Gesetze«

oder der »genetische Code« Deines Daseins

Praktisch alle Religionen und Philosophien sehen das Leben als eine Art »Schule«, in der Du Deine Lektionen zu lernen hast. Aber warum haben einige »immer so viel Glück«, während es andern so oft »dreckig geht«? Sind das »Launen des Schicksals«, oder haben die weniger »Erfolgreichen" bloß ihre »Hausaufgaben« nicht gemacht? Auch für uns gab es Zeiten, in denen die »geistigen Gesetze« einfach nicht zu funktionieren schienen. Bei Moses dauerten die »7 mageren Jahre« eine fest umrissene Zeitspanne. Oder ist diese Zahl 7 einfach nur ein Symbol für eine individuelle Lebensspanne, bis auch Deine »Samen« zu sprießen beginnen?

In einem Buch von Prof. Kurt Tepperwein haben wir eine Aufstellung der 7 wichtigsten »geistigen Gesetze gefunden, an die Du Dich unbedingt halten solltest, wenn Du glücklich und erfolgreich sein willst:

1. Das Gesetz der Harmonie: Dieses Gesetz gleicht die verschiedenartigen Wirkungen aus und sorgt so dafür, dass die Harmonie stets erhalten bleibt, oder so schnell wie möglich wieder hergestellt wird. Aus ihm lassen sich alle anderen Gesetze ableiten, sie sind darin enthalten.

2. Das Gesetz des Karma: Jeder Mensch ist Schöpfer, Träger und Überwinder seines Schicksals. Jeder Gedanke, jedes Gefühl und jede Tat erschafft eine Ursache, der eine Wirkung folgt. Jede Wirkung entspricht in Qualität und Quantität der Ursache. Es gibt daher weder Zufall, noch Belohnung oder Strafe, sondern nur Ursache und Wirkung.

3. Das Gesetz der Resonanz: Gleiches zieht Gleiches an und wird durch Gleiches verstärkt. Ungleiches stößt einander ab. Das Stärkere bestimmt das Schwächere, denn dieses gleicht sich dem

Stärkeren an. Angst zieht also an, was Du befürchtest. Dein Verhalten bestimmt das Ergebnis: Deine Verhältnisse.

4. Das Gesetz der Fülle: Du kannst von der Fülle nur in dem Masse empfangen, wie Du selber zum Kanal wirst, durch den die Fülle fließt. Zum Kanal wirst Du, indem Du alle, auch unbewusste Gedanken an Mangel und Begrenzung auflöst. Denn wer da hat – nämlich diese Erkenntnis –, dem wird gegeben, wer da aber nicht hat, dem wird genommen werden.

5. Das Gesetz der Gnade: Es ist das unverlierbare Recht des Menschen, jederzeit aus der Unwissenheit herauszutreten in das Licht der Erkenntnis und Dein geistiges Erbe der Vollkommenheit anzutreten, in dem Du die Gnade in Dein Bewusstsein nimmst.

6. Das Gesetz der Vergebung: Wo Du vergibst, was jemand Dir getan hat, dem ist diese Schuld vergeben. In dem Maße wie Du Deinen Schuldigern vergibst, in dem Maße wird auch Dir vergeben.

7. Das Gesetz der Entsprechung: Wie oben, so unten, wie innen, so außen. Wie im Größten, so im Kleinsten. Für alles was ist, gibt es auf jeder Ebene des Seins eine Entsprechung. Schicksal ist weder unerforschbarer Ratschluss Gottes noch blinder Zufall. Es ist vielmehr das denkbar gerechteste Gesetz. Es lautet: Jede/r bekommt das, was sie/er verursacht!

Achte bei Deiner persönlichen »Lebenszwischenbilanz« einmal auf folgendes: Passiert Dir immer und immer wieder das Gleiche? Findest Du möglicherweise da die Ursachen für die unerfreulichen Dinge, mit denen Du zu kämpfen hast? Vielleicht findest Du diese selber heraus, vielleicht brauchst Du auch professionelle Hilfe. Oder nützt Dir schon das Sprichwort:

»Der Erfolgreiche beginnt dort, wo der Erfolglose aufhört!«

»Die Macht des Glaubens«

Täglich fragen sich viele Menschen: »Wozu an etwas glauben? Hat das überhaupt einen Sinn – einen Wert? Was nützt mir das?«

Eine Gegenfrage: Wie würde es auf dieser Welt ohne Glauben aussehen? Was würde ohne Glauben geschaffen? Das Ergebnis wäre trostlos.

Der Glaube an die alltäglichen Dinge ist schon zur Gewohnheit geworden. Wie würdest Du beispielsweise Dein Tagwerk vollbringen, wenn Du nicht unbewusst daran glauben würdest, dass Du es schaffen kannst. Wenn Du einmal morgens aufstehst und Du glaubst, dass es Dir heute nicht möglich ist, Deine Arbeit zu tun, so wirst Du nur einen Bruchteil dessen erledigen, was Du normalerweise schaffen kannst. Ein Schriftsteller, der an sein Werk nicht glaubt, wird es nie vollenden. Der Erfinder wäre ohne Glauben an seine Sache verloren. Es ist eine Tatsache, dass der Glaube Berge versetzt und uns riesige Kräfte verleiht. Er schenkt uns Ausdauer, Beharrlichkeit, Mut und lässt unsere persönlichen Fähigkeiten wachsen. Du kennst den Spruch: »Er ist über sich selbst hinausgewachsen.«

Wie schon erwähnt fällt uns der Glaube an die alltäglichen Dinge gar nicht mehr auf. Erst wenn das Leben große, schwere Anforderungen an uns stellt, müssen wir uns den Glauben wieder ins Bewusstsein rufen, um dann nicht zu scheitern.

Glaube und Wille gehören zusammen. Ohne Glauben ist der Wille klein. Je größer der Glauben, umso stärker der Wille. Auch Gesundheit und Glaube gehören eng zusammen. Einem Menschen, der schwer erkrankt ist und der jeden Glauben an Gesundheit aufgegeben hat, ist nur schwer zu helfen. Dagegen kann einem Menschen mit einem starken Glauben an seine Heilung schon ein sehr einfaches Mittel sehr viel helfen. Das haben Forschungen ergeben, welche die Wirksamkeit von Arzneimitteln testen sollen.

Dabei wird wie folgt vorgegangen: Eine bestimmte Anzahl von Testpersonen wird in zwei Gruppen aufgeteilt. Die eine Gruppe bekommt das zu testende Medikament verabreicht und die andere Gruppe bekommt ein wirkungslose Nachahmung, auch als Placebo bezeichnet, des Arzneimittels. Während des Tests wird immer wieder untersucht, wie die Mittel bei den verschiedenen Gruppen wirken. Es wurde dabei sehr oft festgestellt, dass viele aus der Kontrollgruppe, welche das wirkungslose Mittel bekamen, die gleichen Heilungsfortschritte gemacht hatten, wie die Gruppe, die das echte, wirksame Medikament bekommen hatte. Bei diesen Versuchen weiß niemand, ob er nun das wirksame Mittel, oder das Placebo erhält. Du siehst, der Glaube wirkt Wunder und hier ist der Glaube ein Arzneimittel.

Glaube an Dich selbst, an alles Positive, an das, was Du denkst, an das, was Du tust und es wird Dir alles gelingen.

Es ist auch erwiesen, dass Gedanken elektrische Impulse sind. Es gibt auch genügend Beweise auf wissenschaftlichem Gebiet, dass Gedanken in unsere Umwelt ausstrahlen. Es wurden Versuchspersonen gebeten, sich verschiedene Gegenstände geistig vorzustellen und es gelang, diese Gedankenimpulse aufzufangen und die gedachten Gegenstände auf einem Bildschirm sichtbar zu machen. Hier soll von parapsychischen und metaphysischen Versuchen, die noch großartigere Beweise geliefert haben, gar nicht erst gesprochen werden.

Wir können also sagen, dass unsere Gedanken auf unsere Umwelt einwirken. Du kennst den Satz: »Dieser Mensch hat eine starke Ausstrahlung!« Ist Deine Glaube an Deine Gedanken und Dein Vorhaben so groß und felsenfest, so wird Deine Ausstrahlung auch groß sein. Je größer der Glaube, umso größer ist die Auswirkung Deiner Gedanken.

Lass nie mehr Zweifel über positive Dinge, die Du tust und denkst, aufkommen. Ein Gedanke des Zweifels kann hundert

Gedanken der Zuversicht neutralisieren und wirkungslos machen. Verbanne alle wankelmütigen Gedanken aus Deinem Bewusstsein und erhebe endlich Anspruch auf das, was Dir schon lange gehört. Ein Leben voller Mut, Zuversicht, Glauben und Erfolg, in dem Zaghaftigkeit keinen Platz mehr hat.

Glaube ab heute stark und unerschütterlich an alles Gute, Schöne und Positive und es werden in Dir ungeahnte Kräfte erwachen. Übe Dich im festen Glauben an das, was Du Dir wünschst und lass Dir selbst die Wirksamkeit des Glaubens beweisen...

»Der Glaube kommt aus dem Herzen. Die Vernunft muss ihn festigen. Glaube und Vernunft sind nicht Gegenkräfte, wie manche Leute meinen. Je tiefer der Glaube ist, umso mehr schärft er die Vernunft. Wenn der Glaube blind wird, stirbt er.«

Mahatma Gandhi (1869-1948)

Illustration by Lukas Luke Drak
www.luckyworld.cz

»Was ist Glück?«

Lehne Dich für einen Moment zurück und lass Deiner Phantasie freien Lauf. Was kommt Dir beim Wort »Glück« als Erstes in den Sinn? Ein romantisches Wochenende mit der oder dem Liebsten, ein Kneipenabend mit Freunden? Vielleicht auch ein Spaziergang an einem traumhaft schönen Strand, während gerade die Sonne am Horizont versinkt? Oder doch eher der Sechser im Lotto, der Dir hilft, Dir all Deine lang ersehnten Wünsche zu erfüllen? Das eigene Haus mit Garten oder doch das knallrote Sportcoupé?

Auf all diese Vorstellungen passt der Begriff »Glück« und doch geht es um zwei grundverschiedene Dinge. Während eines harmonischen Abends mit Freunden oder der Familie bist Du – hoffentlich – glücklich. Knackst Du aber den Jackpot bei der Lotterie, dann hast Du Glück. Unsere Volksweisheiten kennen den Unterschied zwischen glücklich sein und Glück aber sehr genau. Du findest ihn im Märchen »Hans im Glück«: Hans hat Glück, weil er von seinem Dienstherrn reich belohnt wird. Aber durch den Goldklumpen, den er nun mit sich herumträgt, fühlt er sich innerlich geradezu beschwert. Erst als er einen miesen Tausch nach dem anderen abschließt, also eine Pechsträhne durchmacht, gewinnt er seine glückliche Stimmung zurück.

Und so geraten die Menschen immer wieder in die Versuchung, *»Glück haben«* mit *»glücklich sein«* zu verwechseln. Wir sehnen uns nach freudigen Empfindungen und glauben, ihnen durch günstige Umstände näher zu kommen. Damit berauben wir uns oft genug der Chance, wirklich Glück zu empfinden. Denn wir ernten keine guten Gefühle, sondern meist nur Frustration, wenn wir darauf warten, dass glückliche Begebenheiten auf uns herabregnen wie die Goldmünzen auf das Sterntaler-Mädchen.

Die deutsche Sprache trägt das ihre zu diesen Denkfehlern bei, indem sie keinen Unterschied zwischen den inneren Empfindungen und äußeren Umständen macht. Die meisten anderen europäischen

Sprachen trennen da sauber, das Englische etwa in »happiness« und »luck«.

Denn auch bei dem innerlichen Glückempfinden handelt es sich keineswegs immer um dasselbe Gefühl. Das Kribbeln im Magen, wenn wir verliebt sind, die wohlige Entspannung bei einer Massage, die rauschhafte Verzückung beim Sex oder der Genuss, nach einer schweißtreibenden Stunde Sport ein kühles Bier zu trinken, fühlen sich nicht nur unterschiedlich an, sondern es sind tatsächlich verschiedene Gefühle, die in unserem Körper und Gehirn mit dem jeweiligen Zustand einhergehen.

Diese verschiedenen Gesichter des Glücks solltest Du kennen lernen, denn nur dann kannst Du Dich diesen Empfindungen bewusst öffnen und Dein Leben so führen, dass sich diese Gefühle möglichst oft einstellen. Gelingt Dir das, wird das Glücksempfinden von einem Zufallsgast, der gelegentlich vorbeischaut oder auch nicht, zu einem guten Bekannten, den Du gezielt einladen kannst.

Außerdem solltest Du Dir darüber bewusst werden, dass das Unglück von alleine kommt, Du Dich aber um das Glück bemühen musst. Denn während Angst, Wut oder auch Trauer Antworten auf die Gefahren der Außenwelt sind, hat die Natur die angenehmen Gefühle eingerichtet, um uns in wünschenswerte Situationen zu locken. Glück ist nichts anderes als die Belohnung für eine Handlung, die unserem Organismus gut tut. Das ist auch der Grund dafür, warum *»Glück haben«* nicht zu anhaltenden Glücksgefühlen führt. Ein Lottogewinn fällt uns zu, wir haben uns - vom Ausfüllen des Lottoscheins mal abgesehen -, nicht weiter darum bemüht. Ein kurzes Triumphgefühl, ein bisschen Vorfreude auf all die Dinge, die wir uns jetzt leisten können - und schon geht das Gehirn zur Tagesordnung über. Eine Freundschaft hingegen, für die wir über Jahre hinweg viel getan haben, die auch in Krisen weiter besteht, kann uns dauerhaft Geborgenheit und damit gute Gefühle schenken.

Bereits die antiken Philosophen wussten, was viele Menschen heute nicht wahrhaben wollen: Glück ist nichts Schicksalhaftes, nichts, was von außen über uns kommt. Die Denker im alten Griechenland sahen im Glücklichsein die Konsequenz des richtigen Tun. »*Glück ist die Folge einer Tätigkeit*«, schrieb Aristoteles. Das Glück ist kein Geschenk des Zufalls oder der Götter, sondern wird dem zuteil, der seine Möglichkeiten optimal nutzt. In einem aktiven Leben liegt das Geheimnis von Freude und Erfüllung.

Gute Gefühle sind kein Schicksal! Du musst und kannst Dich darum bemühen…

»*Glück ist die Erfüllung von Kinderwünschen.*«

Sigmund Freud (1856-1939)

Illustration by Rudi Kruta (2007)

»Das Harry-Prinzip!«

Kennst Du Harry? Harry ist unser innerer Schweinehund. Wenn wir vor einer Herausforderung stehen oder etwas Neues lernen, sagt er gerne: »Lass das sein!« oder »Mach das später!« Harry ist nämlich ein Gewohnheitstier. Er tut am liebsten, was er immer schon getan hat. Sonst bekommt der Schweinehund Muffensausen: Angst vor dem Unbekannten, Angst vor Misserfolg, Angst vor Zurückweisung und so weiter. Klar, dass das zu Problemen führt: Obwohl wir eigentlich etwas verändern sollten, treten wir so manches Mal auf der Stelle. Und wenn wir das Richtige tun wollen, müssen wir erst »unseren inneren Schweinehund überwinden«, also gegen die innere Stimme ankämpfen, die es eigentlich gut mit uns meint: Schließlich will uns Harry nur vor Anstrengung und Schmerz beschützen…

Leider ist unser innerer Schweinehund ein ziemlicher Angsthase. Ständig mahnt er uns: »Was, wenn es schief geht?« oder »Was, wenn es anstrengend wird?« oder »Was, wenn es wehtut?« Wir sammeln lauter Antworten auf seine ängstlichen Fragen und finden Gedanken, die uns Kraft rauben. So kämpfen wir mit uns selbst. Wir führen einen inneren Krieg, obwohl wir es eigentlich besser wissen: Wir sollten handeln, anstatt zu hadern! Ja, eigentlich… Und dann verharren wir wieder in den vermeintlich sicheren Grenzen unserer bekannten Gedanken.

Dabei machen uns Harrys Ängste kurzsichtig: Was wäre, wenn gar nichts schief ginge? Was, wenn die Anstrengung minimal wäre? Was, wenn Veränderung Spaß machen würde? Könnten dann nicht Belohnungen winken, die viel schöner sind als die Pseudo-Sicherheit unserer inneren Blockaden? Sollten uns Harrys Sorgen etwa Chancen verbauen und Erfolge verhindern?

Glücklicherweise hat nichts im Leben eine Bedeutung, außer der Bedeutung, die wir den Dingen selbst geben – obwohl wir das meist gar nicht bewusst entscheiden. Viele Bedeutungen sind schlicht

Fehlinterpretationen der Vergangenheit. Sie sollen uns zukünftig vor Ärger bewahren und haben sich irgendwann in unserer Wahrnehmung verselbständigt:

»Das hast du früher nicht geschafft, also schaffst du es nie!« Und bald halten wir Harrys Sicht der Dinge für Realität. Doch wir vergessen dabei, dass alles letztlich nur eine Perspektive ist, die wir verändern können. Und mit dieser Perspektive können wir auch die Kraft verändern, die uns unsere Gedanken geben: Denn genauso, wie uns manche Gedanken Kraft rauben, können uns andere Gedanken mit Kraft versorgen. Haben wir diese Kraft, kommen wir ins Handeln. Schweinehund hin oder her.

Aber wie können wir unsere Perspektiven verändern? Ganz einfach: Wir können unsere deaktivierenden Glaubenssätze gezielt anzweifeln, und kritisch hinterfragen! Frag Dich ganz ehrlich: »Was würde ich tun, wenn es mir leicht fiele?« oder »Was würde ich tun, wenn ich keine Angst hätte?« oder »Was würde ich tun, wenn ich wüsste, dass ich auf jeden Fall Erfolg hätte?« oder »Was könnte mir Schlimmes passieren, wenn alles beim Alten bliebe?« oder »Was hat mich meine Bequemlichkeit bisher bereits gekostet?« oder »Was wird es mich noch kosten, wenn ich nicht endlich in Schwung komme?« oder »Was könnte ich erreichen, wenn ich endlich täte, was ich für richtig halte?« oder »Was könnte ich alles Spannendes erleben?

Du merkst schon: Harry denkt ziemlich schnell in eine andere Richtung. Und damit verändert sich auch das Gefühl, das wir mit der Veränderung verknüpfen: Wo vorher Nervosität und Angst waren, entstehen nun Vorfreude und Mut. Und bald sagt der innere Schweinehund: »Das wird bestimmt spannend!« und »Los, fang endlich an!« und »Das schaffst du schon!«

Wir haben uns so durch ein paar Gedanken mit Energie versorgt. Wir haben über Harry bestimmt, anstatt uns von Harry bestimmen zu lassen. Wir haben unseren inneren Schweinehund zum Komplizen gemacht. Jetzt brauchen wir unserer Motivation nur noch eine Handlung folgen zu lassen, doch das sollte für Dich kein Problem sein. Schließlich gibt es da jemanden, der Dich sehr gerne anfeuert…

»Wir schaffen das!«

Bob der Baumeister

Manfred Pachler, David Vandeven,
Enrico Sachadä und Bernd M. Schmid
Gipfeltreffen in AT-Tieschen (07-2016)

»Ich weiß genau, was ich will!«

Der größte Feind, den wir haben, ist die Entschlusslosigkeit! Wenn ich nicht weiß, was ich will, dann weiß ich auch nicht, was ich tun soll. Und wenn ich nicht weiß, was ich tun soll, tue ich meist gar nichts. Und dieses »gar nichts Tun« bringt mich nicht weiter, sondern fördert einzig und allein meine destruktive Einstellung, und diese negativen Gedanken zerstören sogar die besten Voraussetzungen erfolgreich zu werden.

Wenn ich mit meinem Leben etwas anfangen will, das mir gegebene Startkapital - jeder von uns hat das gleiche Startkapital, denn wir kommen alle als Säugling zur Welt ohne etwas zu können - nutzen und mehren will, dann werde ich nach Wegen suchen, um mich und meine Einstellung zu ändern - nachdem ich die Möglichkeit, dies zu können, erkannt habe. Sage jetzt bitte nicht: »Es gibt aber doch Menschen, die nicht die Kraft haben, es zu schaffen.«

Ich gebe Dir zwar Recht, aber Du gehörst nicht dazu! Dieses Buch ist nicht für irgendwen entstanden, sondern nur für Dich! Die Menschen, die Du mit diesem Einwand bedauern willst, haben auch nicht die Kraft und die Zuversicht, dieses Buch bis hierher zu lesen. Das ist der Grund, wieso wir von Dir wissen, dass Du in der Lage bist, Deine Vergangenheit zu bewältigen und Deine Zukunft zu meistern.

Wir glauben an Dich!

»Wer nicht weiß, wohin er will, der darf sich nicht wundern, wenn er ganz woanders ankommt!«

Mark Twain

Illustration by David John Lloyd
www.lloyddjartist.com

»Wenn nicht jetzt, wann dann?«

Ein Mann reitet auf einem Pferd und scheint es sehr eilig zu haben. Ein Freund, der am Wegesrand steht fragt ihn: »Wohin reitest du? Warum hast es so eilig?« Daraufhin sagt der Mann auf dem Pferd: »Keine Ahnung! Frag besser das Pferd!«

Das bedeutet, dass die meisten Menschen nicht wissen wohin sie gehen. Sie kennen ihren Weg nicht. Sie lassen sich von der Situation mitreißen und haben sich nicht unter Kontrolle. Sie leben nicht ihr eigenes Leben im Hier und Jetzt. Mindestens 95 Prozent aller Menschen vergeuden 95 Prozent ihres Lebens unbewusst. Sie befinden sich auf einem Fließband und lassen sich nur zu gern einlullen, und die Medien erzeugen jede erdenkliche Meinung, die gerade gebraucht wird. Manchmal geschieht dies innerhalb kürzester Zeit, innerhalb von nur einer Woche.

Alle Menschen halten sich für intelligente Wesen, aber sie ruhen nicht in sich selbst. Was immer auch die »Meinungsmacher« erzählen, die Menschen glauben es. Im alten Rom wurde das »Brot und Spiele« genannt. Die Römer wurden im Unbewussten gehalten, indem ihnen einfach nur genügend Nahrung gegeben wurde und sie im Kolosseum unterhalten wurden. Und in der heutigen Welt sind es eben die »Brot und Spiele der Medienwelt«. Das Fernsehen ist wie eine Droge, wie eine neue Kirche. Es saugt das Gehirn der Menschen in die Bildröhre hinein. Durch das Fernsehen wurde eine Matrix erschaffen, die die Menschen abstumpft und ablenken soll von der eigentlichen Welt und von dem Glauben, dass wir die Welt verändern können und zwar genau in diesem Moment. **Jetzt!**

Der Verstand ist dadurch zu Minderwertigkeit degeneriert. Er jagt ständig irgendetwas hinterher, und das beängstigt die Menschen. Dabei wäre es doch so einfach: Beruhige dich! Entspanne dich! Gehe in Dich und lass Dich gehen. Du musst Deine Seele von innen sehen.

Ganz egal welcher Religion oder Glaubensgemeinschaft Du angehörst: Gehe in Dich und finde Dich selbst, denn jeder Augenblick und jeder Moment ist vollkommen. Wenn jeder innerhalb dieses Moments leben würde, ginge es allen gut. Aber die Menschen leben entweder in der Vergangenheit oder in der Zukunft, nicht aber in der Gegenwart. Ständig leiden sie an dem was gestern geschehen ist oder unter dem was Morgen passieren könnte. Sie leiden also immer ständig unter etwas, was tatsächlich gar nicht existiert. Und so ist der Mensch nicht in seiner Realität verwurzelt, sondern in seinem Verstand. Ein Teil des Verstandes ist Erinnerung und ein anderer Teil ist Einbildung und beide sind in gewisser Weise Phantasien, denn sie existieren nicht im Jetzt. Es handelt sich also ausschließlich um Illusionen...

»Wenn nicht jetzt, wann dann?
Wenn nicht hier, sag mir wo und wann?
Wenn nicht wir, wer sonst?
Es wird Zeit!
Komm wir nehmen das Glück in die Hand!«

Aus dem Lied: Wenn nicht jetzt, wann dann? von De Höhner

»Kreativität«

Kreativität bezeichnet die Fähigkeit schöpferischen Denkens und Handelns. Insbesondere wird der Begriff Kreativität als Bezeichnung für die Ursache persönlicher geistiger Schöpfungen von Künstlern verwendet. In jüngerer Vergangenheit wurde diese menschliche Fähigkeit vermehrt zum Gegenstand des Interesses von Wirtschaft und Wissenschaft. Die Erforschung kreativer Prozesse und ihre Beherrschbarkeit und Berechenbarkeit gewinnt zunehmend an Bedeutung.

Weißt Du, wenn wir heute etwas Besonderes erreichen wollen, müssen wir uns auch etwas Besonderes einfallen lassen. Gerade im 3. Jahrtausend ist nicht nur vieles bereits da gewesen, sondern es ist auch durch die Kommunikationsmittel wie Internet, Presse, Fernsehen möglich, Millionen von Erdenbürgern innerhalb kürzester Zeit alles Neue bekannt zu machen. Wenn wir also etwas Besonderes erreichen wollen, können wir es uns überhaupt nicht erlauben, nur etwas zu begehren, was schon existiert. Damit degenerieren und erniedrigen wir uns nur selbst! Wenn wir also etwas begehren, dann - allein schon der Kreativitätsentfaltung wegen - etwas Neues, noch nicht da Gewesenes oder zumindest noch nicht Bekanntes.

Bleiben wir noch ein wenig bei der Betrachtungsweise von diesem Blickpunkt aus. Kreativität, eine der bestbezahlten Eigenschaften, weil - wie echte Begeisterungsfähigkeit, ebenfalls selten - Kreativität zu entwickeln ist nur möglich, wenn wir gelernt haben, uns frei zu machen von dem Denken »Das möchte ich auch haben«.

Wenn wir begehren, was fertig ist, nehmen wir uns die Möglichkeit, uns kreativ zu entwickeln. Begehren wir dagegen etwas, was nicht fertig ist, haben wir eine echte Chance erfolgreich zu werden, so wie einst Otto Lilienthal. Er hatte damals das Begehren zu fliegen, so wie Tausende andere auch.

Er war bereit, etwas dafür zu tun. Er war bereit, sich auslachen zu lassen, wie es auch heute noch üblich ist, will man zu den Ersten gehören. Und er war bereit, den Lohn, den Ruhm zu ernten, den er sich verdient hatte. Nach ihm flogen viele andere Menschen auch.

Verwerflich? Auf keinen Fall. Schließlich ist man heute damit beschäftigt, diese Maschinen weiter zu verbessern, aber zu spät, um in die Geschichte einzugehen.

»Bleiben Sie nicht immer auf der großen Straße, auf der schon andere gegangen sind. Verlassen Sie die bequemen Wege von Zeit zu Zeit, und fahren Sie in die Wälder. Sie werden ganz sicher etwas finden, das Sie noch nie gesehen haben. Untersuchen Sie es. Eine Entdeckung führt zur nächsten, und ehe Sie es verstehen, haben Sie etwas gefunden, das zum Nachdenken reizt. Alle wirklich großen Erfolge sind das Ergebnis des Nachdenkens!«

Alexander Graham Bell

»Lächeln macht glücklich«

»Ein Tag, an dem Du nicht gelacht hast, ist ein verlorener Tag.« Charlie Chaplin

»Lachen ist die beste Medizin«, sagt der Volksmund, und er hat Recht damit. In dem Augenblick, in dem Du zu lächeln oder zu lachen beginnst, passiert in deinem Körper eine ganze Menge Positives: Dein Herzschlag beschleunigt sich leicht, Deine Durchblutung wird verbessert, die Muskeln an Deinen Gliedmaßen entspannen sich, Endorphine werden ausgeschüttet, Dein Immunsystem wird gestärkt, der Sauerstoffgehalt in Deinem Blut steigt an, der Gehalt an Stresshormonen in Deinem Blut (Adrenalin und Kortisol) dagegen sinkt. Selbst das Schmerzempfinden wird verringert. Beim Lachen bewegst du in deinem Gesicht 17 Muskeln – beispielsweise den Jochbeinmuskel, der Deine Mundwinkel nach oben zieht oder den Augenbrauenmuskel, der sich entspannt und die Brauen absinken lässt. Am wichtigsten für ein »echtes« Lachen oder Lächeln ist aber der Augenringmuskel: Nur, wenn er sich zusammenzieht, empfinden wir wirkliche Freude oder angenehme Gefühle. Erkennbar ist das daran, dass wir die Augen etwas zusammenkneifen, Lachfalten in den Augenwinkeln auftauchen und die oberen Hälften der Wangen etwas nach oben wandern. Die Forschung konnte bei vergleichenden Studien insgesamt 19 verschiedene Weisen des Lächelns ausmachen – angefangen von einem verlegenen Lächeln über ein etwas gequältes Lächeln, das wir zeigen, wenn wir mühsam über einen schlechten Witz lachen bis hin zum falschen Lächeln aus reiner Höflichkeit der ungeliebten Kollegin gegenüber. Aber 18 Arten des Lächelns bewirken hinsichtlich der positiven Körpereffekte nichts oder kaum etwas, nur beim echten Lächeln, dem so genannten Duchenne-Lächeln (benannt nach einem französischen Physiologen), treten sie wirklich ein.

Die gute Nachricht dabei: Die Forschung wies per Messung der Gehirnströme bei Versuchspersonen nach, dass es keine Rolle spielt, ob man dieses echte Lächeln lächelt, weil man sich wirklich über etwas gefreut hat oder sich amüsiert, oder ob wir es - was nach einigem Training möglich ist - bewusst hervorrufen. Das hirnphysiologische Ergebnis ist dasselbe. Und je besser die Versuchspersonen es nach und nach schafften, unter Einsatz des Augenringmuskels zu lächeln, desto mehr berichteten sie von guter Stimmung, die sich bei ihnen ohne konkreten äußeren Anlass einzustellen begann. Diesen Effekt machen sich mittlerweile sogar spezielle Therapien zunutze, die mit »grundlosem« Lachen gegen Krankheiten, Depressionen und für ein glücklicheres Leben arbeiten. In Indien gibt es das so genannte Lachyoga, das auch in Deutschland immer mehr Anhänger findet. Und auf Kinderkrankenstationen ist es heutzutage nahezu Standard, dass die kleinen Patienten durch Clownsbesuche aufgeheitert werden.

Der Glückstipp also lautet: Nutze die nächsten Tage und Wochen - und darüber hinaus! - bitte jede noch so kleine Gelegenheit, zu lächeln, zu schmunzeln und zu lachen! Ob Du das mit Hilfe eines Witzbuchs tust, Dir einen lustigen Film gönnst, mal wieder ins Kabarett gehst oder einfach sehr bewusst jeden Dir Entgegenkommenden auf Deinem nächsten Weg zum Einkaufen freundlich anlächelst, ist absolut egal. Die Rückmeldung aus deinen Gesichtsmuskeln kommt in Deinem Körper und Deinem Gehirn an und sorgt dafür, dass Du Dich mit jedem Lächeln ein Stückchen glücklicher fühlen wirst! Vielleicht holst Du Dir auch mal wieder ein altes Fotoalbum und amüsierst Dich über lustige Schnappschüsse oder unmögliche Achtziger-Jahre-Frisuren darin. Surfe ein bisschen auf YouTube herum, auch da findet sich viel Lustiges. Oder Du gibst spaßeshalber mal den Begriff »Lachclub« bei Google ein. Du wirst verblüfft sein, in wie vielen Städten Du heute bereits eine Anlaufstation dafür findest! In Gesellschaft lacht es sich nun mal am besten, schließlich ist Lachen ansteckender als jede Grippe! Probiere es einfach mal aus - und viel Spaß dabei!

»Das Lächeln, das du aussendest, kehrt zu dir zurück.«

Indisches Sprichwort

»Loslassen«

Vielleicht hast Du schon einmal einen Hund beobachtet, wie er sich in ein Stöckchen verbissen hat, das sein Herrchen ihm abnehmen wollte. Immer wieder hat sein Herrchen auf ihn eingeredet: »Aus! Lass los!« und der Hund hat sich nicht oder nur zögerlich von seinem Stöckchen getrennt. Ähnlich kann es uns Menschen ergehen. Auch wir können uns sozusagen in etwas verbeißen - beispielsweise in ein schmerzliches oder kränkendes Erlebnis oder eine für uns krankmachende Situation. Deshalb wollen wir uns nun damit befassen, was loslassen und nicht loslassen bedeuten, was beim Loslassen passiert und wie wir uns dabei helfen können, loszulassen.

Was bedeutet nicht Loslassen?

Nicht Loslassen bedeutet, dass wir in einer Situation verharren, die unserer seelischen und/oder körperlichen Gesundheit schadet und/oder uns daran hindert, unsere Fähigkeiten auszuschöpfen.

Wir verharren beispielsweise...

... in der Trauer um den verstorbenen Partner,
... in der Verzweiflung wegen unseres Partners, der uns verlassen hat,
... in Schuldgefühlen wegen eines Fehlers, den wir uns vorwerfen,
... in den Gefühlen des Verletzseins, die wir einem anderen vorwerfen,
... im Hadern um nicht wahrgenommene Chancen,
... im Hadern, dass die Welt so ungerecht ist,
... im Hadern wegen einer chronischen Erkrankung,
... an einem Arbeitsplatz, an dem es Intrigen gibt, oder an dem wir unter oder überfordert sind.

Symptome des Nicht-Loslassens können zum Beispiel sein: Anspannung, psychosomatische Beschwerden, Schlaf, Konzentrations-,

Merkfähigkeitsstörungen, Suchtverhalten, Gedankenkreisen, Panikattacken, Wut und Hassgefühle, Depressionen, Selbstablehnung.

Was bedeutet Loslassen?

Loslassen ist eine Form der Anpassung an ein Ereignis oder eine Situation. Wir akzeptieren, dass uns etwas widerfahren ist, was unseren Wünschen widerspricht. Das können kleine Ereignisse wie z.B. eine Kränkung, ein Fehler oder die Nichterfüllung eines Zieles sein. Loslassen kann auch beinhalten, dass wir Abschied nehmen von großen Lebensplänen. Trennung, Tod, Krankheit, Älterwerden oder ein Unfall können uns zu einer Veränderung des bisherigen Lebens zwingen.

Loslassen kann aber auch bedeuten, dass wir uns aus einer uns schädigenden Situation befreien. Wir können zu der Entscheidung kommen, loszulassen - wenn wir zum Beispiel feststellen, dass das bisherige Leben nicht (mehr) unsere Bedürfnisse befriedigt.

Was passiert beim Loslassen?

Loslassen ist eine reine »Kopf-Sache«. Wenn wir loslassen, entscheiden wir uns, unseren Blick weg von der uns belastenden Situation nach vorne zu richten. Wir beginnen dabei mit den unterschiedlichsten Gefühlen wie etwa Verzweiflung, Trauer, Kränkung, Angst, Wut oder Eifersucht. Unsere gesamte Aufmerksamkeit galt bisher diesem belastenden Ereignis. Indem wir uns damit befassten, erlebten wir immer wieder dieselben negativen Gefühle. Unsere Gedanken kreisten wie ein Karussell: »Warum musste mir das passieren?« »Wieso hat er mir das angetan?« »Warum habe ich mich so verhalten?« »Warum ist das Schicksal so ungerecht?« »Ich schaffe es nicht, mich aus der Situation zu befreien!«

Nun ist der Punkt gekommen, an dem wir merken, dass wir so nicht mehr weiterleben möchten und können.

Wir machen uns bereit, die Vergangenheit zu akzeptieren. Wir entwickeln die Einstellung: »Ich bin bereit, zu akzeptieren, was passiert ist. Mir gefällt es zwar nicht, aber es ist passiert!«

Wir sind bereit, zu erkennen, dass die momentane Situation uns körperlich und seelisch schadet, und suchen nach einer Lösung.

Wir haben das Vertrauen, dass es eine Lösung gibt und wir es schaffen werden, unsere Situation zu verändern.

Wie Du lernen kannst, loszulassen

Mach Dir bewusst, dass Du einen hundertprozentigen Einfluss auf Deine Gefühle hast. Sie entstehen durch Deine Gedanken. Du hast also die Macht, Dein Gefühle zu beeinflussen, in dem Du anders denkst und Dich verhältst.

Machen wir eine Gewinn-Verlust-Rechnung:

Was gewinnst Du, wenn Sie loslässt? Was verlierst Du, wenn Du loslässt?

Male Dir ganz lebendig und konkret aus, wie es Dir besser gehen wird, wenn Du loslässt.

Suche nach Menschen, die eine solche Situation bereits erfolgreich bewältigt haben. Frage nach, wie diese es geschafft haben, und lass Dir Mut machen. Auch Berichte von Betroffenen in Büchern können hierbei hilfreich sein.

Meide Menschen, die ähnlich wie Du in einer solchen krankmachenden Situation verharren.

Vermeide Selbstvorwürfe, erst jetzt aus der Situation auszubrechen. Du hast aufgrund Deiner Lebensgeschichte solange gebraucht, um diese Erkenntnis zuzulassen.

Suche Dir therapeutische Unterstützung, wenn Du bemerkst, etwas läuft verkehrt in Deinem Leben, aber nicht weißt, wie Du aus der Falle heraus kommen kannst.

Checkliste: Kannst Du gut loslassen?

1. Grübelst Du häufig über die Vergangenheit nach?
2. Bist Du nachtragend?
3. Leidest Du unter psychosomatischen Beschwerden?
4. Leidest Du unter Depressionen?
5. Leidest Du unter Panikattacken?
6. Neigst Du dazu, eigene Bedürfnisse immer hinter die anderer zu stellen?
7. Gehst Du seit langem nur noch mit Widerwillen zur Arbeit?
8. Wartest Du seit langem darauf, dass Dein Partner sich grundsätzlich ändert?
9. Hast Du den Eindruck, persönlich auf der Strecke zu bleiben?
10. Hast Du den Eindruck, in der Partnerschaft immer mehr zu geben als zu bekommen?

Mehr als 2 Ja-Antworten sind ein Hinweis darauf, dass Du Dich im Loslassen trainieren solltest...

»Der Mensch allein ist das, was zählt!«

Der Staat bin ich, der Staat bist Du.
Wir wollen endlich uns're Ruh
von Krisen im Finanzbereich
von Kriegen um ein Weltmachtsreich!

Ob Staat - ob Macht - ob Krieg - ob Geld
ob Bankenpolitik der Welt.
Bei allem ist kein Wort was Wert,
und scheint grad deshalb heiß begehrt.

Bei denen, die selbst nichts versteh`n,
wohin der eigne Weg soll gehen.
Im Leben und auch nach dem Tod.
Des Menschen echte Lebensnot?

Das Leben könnt so schön doch sein -
so schön und ganz besonders fein -
wenn jeder aus dem eig'nen Schein
entfalten würd' sein göttlich sein.

Und nicht wie ihr das oben denkt,
und uns mit schnödem Mammon lenkt.
Mit dummen Sprüchen lockt, mit Lügen pur.
Tag ein, Tag aus. Rund um die Uhr!

Der Mensch allein ist das, was zählt
Und das, was ihn am Leben hält
ist rein die göttliche Natur.
Tag ein, Tag aus. Rund um die Uhr!

Bernd M. Schmid

www.Finanz-Punk.de

»Motivation«

Im Duden steht unter MOTIV (aus dem lateinischen motus für Bewegung oder Antrieb): Beweggrund eines Verhaltens, der als auslösende, richtungsgebende und antreibende Zielvorstellung bewusst oder unbewusst wirken kann und affektiv, gefühls- oder triebhaft wie auch intellektuell bestimmt sein kann.

Im Duden steht unter MOTIVATION: Die Gesamtheit der in einer Handlung wirksamen Motive, die das individuelle Verhalten aktivieren, richten und regulieren.

Um zu erkennen, was Dich motiviert - oder umgangssprachlich formuliert anmacht - solltest Du Dir einen separaten Zettel und etwas zum Schreiben besorgen und diese Dinge schriftlich festhalten (mindestens 30). Nun solltest Du Dir diese Dinge bildlich vorstellen können und jeden Tag sehen. Dazu suchst Du Dir (in Zeitschriften, Magazinen, usw.) die passenden Bilder, klebe sie auf einen Karton und hänge diesen irgendwo auf, wo Du ihn täglich sehen kannst.

Glaubst Du wirklich an Dich selbst und an das, was Du vorhast?

Bist Du bereit auch Niederlagen einzustecken?

Immer dann, wenn Du einen Misserfolg verbucht hast, ist Deine Chance für einen Erfolg am größten! Je mehr Niederlagen Du eingesteckt hast, umso näher kommt der nächste Erfolg. Uns beeindruckte die nachfolgende Geschichte endloser Misserfolge:

Ein junger Mann ließ sich als Kandidat für die Behörden von Illinois (U.S.A.) aufstellen. Bei den Wahlen fiel er kläglich durch. Er verlegte sich aufs Geschäftsleben - machte Pleite - und musste siebzehn Jahre seines Lebens die Schulden eines nichtsnutzigen Teilhabers abzahlen. Er verliebte sich in ein schönes Mädchen, verlobte sich mit ihr und sie starb. Er kehrte in die Politik zurück.

Ließ sich als Kongresskandidat aufstellen und wurde geschlagen. Er versuchte, beim United Staates Land Office eine Stelle zu erhalten - erfolglos. Er wurde Kandidat für den Senat und wurde geschlagen. Eine Niederlage nach der anderen - schwere Niederlagen, doch unerschütterlich ging der Mann seinen Weg, und er wurde eine der größten Persönlichkeiten der Geschichte.

Vielleicht hast Du seinen Namen schon mal gehört? Er hieß Abraham Lincoln. Abraham Lincoln hatte die Kraft und das Durchhaltevermögen, um all diese Niederlagen wegzustecken, weil er motiviert war, seine sich gesteckten Ziele zu erreichen.

Wenn Du nun wirklich überlegst, was Dich motiviert und dies (wie in der Übung beschrieben) täglich vor Dein geistiges Auge führst, geht kein Weg daran vorbei, dass Du erfolgreich sein wirst. Denn wenn Du es wirklich willst, dann tust Du es!

»Beim traditionellen Neujahrsrudern verlor unsere Mannschaft haushoch gegen die Konkurrenz. Der Vorstand setzte eine Kommission ein, um die Gründe zu klären. Ergebnis nach neun Monaten: Wahrscheinlich lag es daran, dass im Boot acht Steuermänner saßen und nur ein Ruderer. Lösungsvorschlag des Vorstands:

Den Ruderer in Zukunft besser motivieren.«

»Normal sein«

»Und wenn ich Tag für Tag denselben Weg gehe, so wird dieser Weg immer tiefer, bis er eine Furche geworden ist, in der ich gehe und aus der herauszukommen immer schwieriger und unlogischer wird!«

Der einzige Unterschied zwischen einer Furche und einem Grab ist nur die jeweilige Tiefe. Viele, auch junge Menschen, sind bereits »gestorben«, weil sie nur »leben« wollen und sich nicht vorstellen können, dass es außerhalb der »Furche«, auch auf anderen Ebenen, in anderen Regionen unseres Geistes, Leben gibt. Frei nach dem Lebensmotto: **»Geboren 1996, gestorben 2016, beigesetzt 2076!«**

Nichts ist aufregender, interessanter und so voller Neuigkeiten als ein »Spaziergang« durch die abgelegenen Wege unseres Geistes! Neue Erkenntnisse sammeln, neue Blickwinkel finden, andere – zunächst völlig unlogisch erscheinende – Lösungsmöglichkeiten entdecken, also den eigenen Horizont verbreitern und vergrößern, das heißt **Leben!**

»Wir leben alle unter dem gleichen Himmel, aber wir haben nicht alle den gleichen Horizont.« Konrad Adenauer

Aber das ist nicht »in«. Es ist »in«, die »Furchen« zu benutzen, die alle benutzen, damit man die Meinung hat, die alle haben. Weil die Meinung, die alle haben, auch die Richtige ist, weil wiederum nur das richtig ist, was »normal« ist. Und wir möchten doch schließlich und endlich »normal« sein, oder? Manche Menschen sind sogar stolz darauf, Ihren »Prinzipien« seit Jahren treu zu sein, und merken nicht einmal, dass sie sich in diesen Jahren ihr eigenes Grab geschaufelt haben...

»Wenn du immer versuchst normal zu sein, wirst du nie wissen, wie toll du sein kannst.«

Bernd M. Schmid

»Nutze den Tag«

Die Situation, die jetzt gekommen ist
zeigt dir ganz deutlich, wer Du in Wirklichkeit bist.
Was soll ich jetzt tun? Das fragst Du mich?
Und ich sag zu Dir: Frag erst einmal dich!
Was habe ich getan, wirst Du Dich fragen
und eine Stimme wird die Antwort wagen:

Zu viel Hektik, zu wenig Ruh.
Zu viel Ich, zu wenig Du.
Zu viel Faulheit und Angst, zu wenig Mut,
mehr Kraft zum Handeln, das wäre gut!

Mehr Friede und weniger Streit.
Mehr Güte und weniger Neid.
Mehr Liebe und weniger Hass.
Mehr Wahrheit, das wär' doch was!

Wenn's dunkel wird, ein bisschen mehr Licht.
Kein quälendes Verlangen, ein bisschen Verzicht.
Es komme, was da kommen mag
und wenn Du noch lebst, dann nutze den Tag!

Bernd M. Schmid

»Carpe diem, nutze den Tag, nur für was?
Um den Planeten noch effektiver umzupflügen?«

Karl Talnop

»Sei stets optimistisch!«

Vermisst Du auch den Ruck, der durch Deutschland gehen sollte? Hast Du auch gehofft, dass ein wenig von dieser neuen »Ruck-Energie« würde sich auch auf Dich übertragen? Nun, er ist nicht gekommen, daher gilt es, ein anderes Energiepotential neu zu entdecken:

Die Eigeninitiative!

In der Geschichte gibt es viele Beispiele für große unternehmerische Erfolge in schwierigen Zeiten, ja sogar in der schlimmsten Rezession. Andrew Carnegie wurde einmal gefragt, wie er den Mut aufbringen konnte, in der tiefsten Krise des Landes sein Unternehmen zu gründen. Seine Ant-wort: *»Ich war so sehr damit beschäftigt, meine Firma aufzubauen, dass mir nicht die Zeit blieb, mich um die Rezession und deren Probleme zu kümmern.«*

Der Weg aus einer Krise beginnt bei jedem einzelnen Mitglied unserer Gesellschaft. Jeder kann an seinem Platz, mit seiner individuellen Persönlichkeit einen wichtigen Beitrag leisten, zuerst einmal durch konstruktive Kommunikation. Weg vom »schlecht reden« hin zu einer Gesprächsführung, die Mut erzeugt, die aktiviert und dem einzelnen bewusst macht, dass er im Verbund mit anderen Menschen schwierige Probleme selbst lösen und große Ziele erreichen kann.

Nach dem Motto von Nikolaus B. Enkelmann:

»Erfolge sind gelöste Probleme.«

Entwerfe ein klares Bild von Dir, wie Du Dich und Deine Geschäftspartner in eine sichere Zukunft steuern möchtest. Auch Details können von größter Wichtigkeit sein. »Entrümple« Deine Denk und Sprachgewohnheiten wie »Haben ich noch nie gemacht… « und »Habe ich schon immer so gemacht.«

Steige in einen unaufhörlichen Verbesserungsprozess ein: Mach Dir Deine Stärken und die Deiner Mitarbeiter immer wieder bewusst, und spreche mit ihnen darüber, wie sie dieses Potential noch intensiver nutzen können. Gebe zu erkennen, dass Du an ihren Gedanken, Ideen und Impulsen für die Optimierung des Vertriebsaufbaus sehr interessiert bist. Sei großzügig mit konstruktivem Feedback, und stelle eine Statistik der Ideen zur Verfügung. Jeder Gedanke kann von Bedeutung sein, aber nur, wenn Chancen wahrgenommen, geäußert, beachtet und weiter entwickelt werden. Fördere daher Ideenreichtum und Tatkraft in Deinem Vertriebsteam. Fördere Dich selbst und andere durch Wertschätzung und Vorbildfunktion. Schaffe Dir ein »Netzwerk ehrlicher Partner« mit Teilnehmern, die sich menschlich weiter entwickeln wollen, die von Dir lernen können und Du von ihnen. Auf diese Weise wird Vertrauen in die Menschen zur Basis eines Vertrauens in die Zukunft.

»Ein Optimist weigert sich nicht, die negativen Seiten einer Situation zur Kenntnis zu nehmen. Er weigert sich lediglich, sich diesen Seiten zu unterwerfen.«

Norman Vincent

»Positiv denken«

Wir nehmen uns und unsere Meinung viel zu ernst. Wir regen uns über Kleinigkeiten auf, anstatt uns über andere Kleinigkeiten zu freuen. Warum meinen wir, unbedingt ernst werden zu müssen, wenn wir etwas Wichtiges zu sagen haben? Warum wird uns von Kindheit an eingetrichtert, dass bald der »Ernst des Lebens« beginnt?

Warum muss die Schule ernst sein? Inzwischen ist bewiesen, dass ein Mensch wesentlich besser lernt, wenn er positiv eingestellt ist, anstatt todernst zu büffeln! Aber viele der Lehrer sehen nach wir vor in einem ernsten Schüler einen besseren Schüler.

Inzwischen ist auch bewiesen, dass ein positiv eingestellter Mensch seine Arbeit optimal und weitaus effektiver verrichten kann. Aber die Chefs erwarten von ihren Mitarbeitern, dass Sie ihre Arbeit ernst nehmen.

Wir sind auch der Meinung, dass wir unsere Pflichten gewissenhaft durchführen sollten, aber dies braucht nicht auszuschließen, dass wir auch fröhlich dabei sind.

»Wer zu hochnäsig, zu großspurig ist, um über sich selbst zu lachen, verdient keine leitende Stellung. Um andere Menschen zu führen, muss man unter ihnen sein, um sie anschubsen zu können!«

Über sich selbst lachen können heißt: Flexibel sein, zuzugeben, ebenfalls nur Mensch zu sein. Sobald wir zugeben, dass auch wir nicht unfehlbar sind – sei es im Betrieb, Familie oder Freundeskreis – sparen wir ungeheuere Energien, die wir an anderer Stelle viel nützlicher einsetzen können.

Warum sind wir öfter ernst oder traurig, anstatt fröhlich und lustig?

Wie alt oder jung Du auch sein magst und egal wie Dein Vorleben bis heute ausgesehen hat, verrate mir bitte, wie viel Jahre kannst Du davon rückgängig machen?

Nicht eine Sekunde! Das was Du gerade gelesen hast ist bereits unwiederbringliche Vergangenheit und es lohnt sich nicht, darüber zu trauern. Wir können von dem, was bereits war, nichts ändern, und das, was kommt, kommt erst.

Heute ist der erste Tag vom Rest Deines Lebens!

Also, fang endlich an und mach was daraus!

Denke positiv

Oft meint man, dass die Sorgen schwer,
im Leben würden mehr und mehr,
und dennoch stellt man fest geschwind,
dass sie gering an Anzahl sind,
weil man den Kummer meist nur fühlt,
der an des Lebens Klippen spült.
Schau auf das Glück und halt es fest,
weil´s sich so leichter leben lässt,
und so die Freuden, reich an Zahl
das Leben würzen, allemal,
und du wirst sehn, nichts geht mehr schief –
sei glücklich und denke positiv!

Oskar Stock

»Wie Du in 15 Minuten unglaublich reich werden kannst!«

»Na endlich! Jetzt bekomme ich einen Tipp, wie ich schnell Millionär werde!«, denkst Du jetzt vielleicht. Und Du hast Recht. Wir möchten Dir einen verborgenen Schatz zeigen. Du kannst ihn für Dich allein haben, wenn Du willst. Er ist so groß, dass alles Gold in Fort Knox dagegen wie die Sozialhilfe wirkt.

Willst Du diesen Schatz?

O.K. Schließe Deine Augen. Wir gehen jetzt zusammen auf eine Schatzsuche, die etwa eine Viertel Stunde dauern wird. Dann bist Du reich! Versuche Deine Aufregung zu vergessen und lausche auf Deinen Atem, um Dich zu entspannen.

Wenn Du innerlich ruhig und ausgeglichen bist, nimm Deinen Kopf wahr. Spüre das Gehirn in Deinem Schädel und mach Dir bewusst, was es ist: Ein Supercomputer unglaublicher Kapazität! Die größten Elektronikkonzerne der Welt forschen mit einem Milliardenaufwand, um Gigabyte-Chips zu produzieren, aber dein Gehirn leistet bereits in diesem Moment um ein vielfaches mehr, als die nächste Generation von Computerchips, die gerade erst auf dem Reißbrett entstehen. Niemand auf der Welt ist heute oder in absehbarer Zukunft in der Lage, einen Computer zu bauen, der auch nur annähernd so schnell und vielseitig ist wie die Fähigkeiten Deiner Denkmaschine!

Dann lenke Deine Aufmerksamkeit zu Deinen Sinnesorganen, Deinen Augen, Deinen Ohren, dem Tastsinn, dem Geruchs und Geschmacksinn, den Fähigkeiten Temperaturunterschiede, feinstoffliche Energien und die Bewegungen Deines Körpers wahrzunehmen. Mach Dir möglichst viel von dem Potential Deiner Sinne bewusst. Was glaubst Du, würde eine Maschine mit dieser Ausstattung kosten? Ließe sie sich bei dem derzeitigen Stand der Technik überhaupt beschaffen?

Und nun zu Deinem Bewegungsapparat: Du kannst laufen, springen, klettern, robben, schwimmen, tauchen, Rad fahren, tanzen, auf Deinen Händen laufen, Treppen steigen und noch viel, viel mehr! Ist Dir bekannt, dass Wissenschaftler immer noch erfolglos daran arbeiten, einen Roboter zu bauen, der auch nur halbwegs menschlich zu gehen vermag?

Erforsche auf diese Art und Weise auch die anderen Bereiche Deines Körpers. Z.B. den Verdauungstrakt, das Immunsystem, die Fortpflanzungsorgane, die Entgiftungsmöglichkeiten des Körpers usw. Versuche das Bewusstsein Deines gewaltigen Reichtums nach der Übung, die Du häufig wiederholen solltest, mit in Deinen Alltag zu nehmen, um eine neue positive Perspektive für Dein Leben zu bekommen. Gehe nicht geringschätzig lächelnd über diese Übung hinweg! Sie kann der Schlüssel zu nachhaltigem Erfolg in Deinem Leben sein. Je mehr Du Dir den Reichtum bewusst machst, der Dir in die Wiege gelegt wurde, desto besser sind Deine Aussichten, erfolgreich zu sein. Du bist ein Vertreter der Gattung von Wesen, die sich bisher am besten von allen Formen des Lebens auf diesem Planeten durchsetzen konnten. Du hast Artgenossen wir Albert Einstein, Sokrates, Wolfgang Amadeus Mozart, Ludwig von Beethoven, Thomas Alva Edison, Mahatma Gandhi, Mutter Teresa, Johann Wolfgang von Goethe, Charlie Chaplin, Vincent van Gogh, Pablo Picasso oder Elvis Presley. All diese Menschen brachten dieselben Anlagen mit in diese Welt wie Du. Kneif jetzt nicht und versuche Dir vorzuschwindeln, die wären irgendwie anders gewesen. Diese Leute waren sich nur ihrer potentiellen Fähigkeiten bewusst. In der Übung hast Du gerade ein Stück dieser Bewusstheit erlangt. Und sie nutzten ihr Potential, indem sie es erweckten, ausprobierten und damit entfalteten. Jetzt bist Du dran.

Nutze Deine Schätze gut!

»Selbstdisziplin«

»Selbstdisziplin bezeichnet die Fähigkeit, zugunsten einer ethischen, religiösen oder rationalen Richtlinie körperliche und emotionale Bedürfnisse zu unterdrücken. Auch kann eine dieser Richtlinien als unangenehm empfunden und mit Hilfe der Selbstdisziplin durchgehalten werden. Die Richtlinien können konkret z.B. Fastenvorschriften sein, ethische Anweisungen im Umgang mit (emotionsgeladenen) Konflikten, Leistungsvorgaben in einem Beruf, der Wunsch nach Gewichtsabnahme und vieles mehr. Daraus folgt, dass die ethische Bewertung von Selbstdisziplin an die Richtlinie gebunden ist.« WIKIPEDIA

Es ist sehr leicht, einem anderen Menschen zu sagen: »*Tu' dies oder tu' das...*« Es ist noch leichter, einem Hund zu befehlen: »*Sitz!*« oder »*Platz!*« Es ist allerdings alles andere als leicht, uns selbst einen Befehl zu geben und ihn dann auch auszuführen.

Das Zauberwort heißt: **»Selbstdisziplin«!**

Sich selbst aus eigener Kraft und auf eigenen Wunsch, also ohne Fremdmotivation (Beweggründe, die uns von anderen oder durch äußere Umstände gegeben sind), aufzuraffen und etwas zu tun – was für den Augenblick nicht gerade leicht, angenehm und bequem sein muss, was für unseren Erfolg aber wichtig ist und zu unserem Lebenszweck einen wichtigen Beitrag leistet – dafür ist Selbstdisziplin notwendig.

»Selbstdisziplin ist der wichtigste Teil des Erfolgs.«

Truman Capote

Illustration by Lukas Luke Drak
www.luckyworld.cz

»Sieg«

Wie oft schon hörte ich Dich sagen,
Du würdest große Dinge wagen.
Wann wohl, glaubst du, kommt der Tag,
da endet alle Müh` und Plag`.
Da Du zu großen Taten schreitest
und da Du selbst Dein Schicksal leitest?
Und wieder ging ein Jahr vorbei,
doch nie warst Du, mein Freund, dabei,
wenn`s galt, nun endlich zuzugreifen,
damit auch Deine Früchte reifen!
Woran es liegt? Erklär es nur?
Du hattest Pech? Ach, keine Spur!
Wie immer, einzig und allein
lag`s nur an Dir, an Dir allein.
Schau auf Deine Hände bloß:
Sie liegen still in Deinem Schoß,
statt endlich, endlich doch zu handeln
und alles in Dir umzuwandeln.

Gerhard Kaufmann

Walter Stricker (mitte) - übersetzt meine Werke in die Tschechische Sprache - und Michal Moučka (rechts)

»Möchtest Du auf der Sonnenseite des Lebens stehen?«

Dann triff hier und jetzt die Entscheidung, dass Du es willst: Ich,...

____,

... werde ab heute meine ganze geistige Kraft dafür einsetzen, jeden Tag meines Lebens auf der Sonnenseite zu stehen. Ich bin begeistert und dankbar, dass ich als Mensch die Freiheit habe, diese Entscheidung zu treffen.

____

(Datum und Unterschrift)

»Ein kleiner Junge wird beim Einsteigen in einen Bus heftig angerempelt. »Kannste nicht aufpassen!« sagt er. Als Antwort bekommt er noch eins aufs Auge. Auf dem Spielplatz schubst ihn einer von der Schaukel. Als er wieder aufsteht, wackeln ihm die Knie und zwei Zähne sind locker. Später beim Fußballspielen fällt er über ein gestrecktes Bein und bricht sich das Handgelenk. Im Krankenhaus bemerkt der Vater, dass sein Sohn einen Fünf-Euroschein in der Hand hat. »Das habe ich gefunden als ich von der Krankentrage gefallen bin«, erklärt der kleine Junge. »Das ist der erste Fünf-Euroschein, den ich in meinem Leben gefunden habe. Heute ist bestimmt mein ***Glückstag****!«*

Finanz Punk mit Alice Fialová
(Bodypainting by Joe Muczka Jr.)
www.joemuczka.com

»Die SMART-Methode!«

»Dem weht kein Wind, der keinen Hafen hat, nach dem er segelt.«

Michel de Montaigne (153392)

Das Thema Zielsetzung und Zielerreichung ist wohl für alle Menschen sehr wichtig. Allerdings neigen auch manche Menschen zum Perfektionismus und zu ständiger Unzufriedenheit mit dem jeweils Erreichten. Das kann teilweise ein nützlicher Antrieb sein, sich selbst und seine Pläne immer weiter zu verwirklichen. Wenn sich der Mechanismus allerdings gegen einen selber wendet, läuft dieser Gefahr, zum »Hamster im Laufrad« zu werden und sich entweder im beruflichen oder im privaten - schlimmstenfalls auch in beiden - Bereich kontinuierlich zu überfordern. Frustration, Erschöpfung und »Burn-Out« können die Folge sein.

Bist du ein Macher? Dann ist das Thema Zielsetzung und Zielreichung für Dich wohl eher keine Herausforderung. Vielleicht kannst aber auch Du die eine oder andere Anregung aus diesem Kapitel für dich nutzen. Entscheide selbst!

Außerdem kann es hilfreich sein, wenn Du Dir etwas Zeit nimmst, Deine eigenen Ziele noch einmal zu analysieren und zu hinterfragen. Dafür nehmen wir uns im Alltag nämlich oft viel zu wenig Zeit.

Eine sehr beliebte Methode, diese Aufgabe anzugehen, ist die so genannte **»SMART-Methode«**. Hinter den Großbuchstaben verbergen sich bestimmte Kriterien, die Ziele immer erfüllen sollten, damit sie erreichbar sind. Und das ist letzten Endes eine wesentliche Voraussetzung dafür, dass wir uns an unserem Erfolg auch wirklich freuen können.

Wofür stehen nun die Buchstaben?

S steht für »specific«, also »genau bezeichnet«. Manche Autoren über Glück & Erfolg interpretieren diesen Buchstaben auch dem Begriff »simpel« im Sinne von »in einem Hauptsatz formulierbar«. Dahinter steht die Idee der Visualisierung von Dingen als Quelle der Energie. Wenn Du Dir z. B. das Ziel setzt, schlanker zu werden oder beruflich erfolgreicher, dann ist das in dieser Formulierung nicht konkret genug. Versuche, eine möglichst greifbare innere Vorstellung davon zu bekommen, was genau dein Zielzustand ist. Wie fühlt es sich an, schlank zu sein? Wie siehst Du aus, wenn Du die von Dir gewünschte Kleidergröße trägst? Was bedeutet es genau für Dich, beruflich erfolgreicher zu sein? Welche Summe müsste auf Deinem Gehaltszettel stehen, wenn das Ziel erfüllt wäre? Du solltest hier Deiner Fantasie freien Lauf lassen, mit dem Resultat, dass Du schließlich wie auf einem Foto oder einem Video eine klare Vision von dem hast, was das Überschreiten der Ziellinie darstellt. Je mehr Sinneseindrücke Du dabei mit einbeziehen kannst, desto besser. Wichtig ist auch, dass Du das Ziel positiv formulierst, also nicht »ich will nicht weniger verdienen«, sondern »ich werde mehr verdienen«!

M steht für »measurable« und bedeutet »messbar«. Dieses Kriterium kann ein Ziel nur dann erfüllen, wenn es genau bezeichnet ist. Der erste Buchstabe **S** stellt also die Voraussetzung für den zweiten dar. Wenn Du Dir vornimmst, reich zu werden, dann ist das kein überprüfbares Ziel, denn »reich« bedeutet für jeden etwas anderes. Hast Du erst mal Deine erste Million zusammen, dann willst Du vielleicht die zweite und immer so weiter, und das ist dann der beste Nährboden für Unzufriedenheit. Nur wenn Du eine klare Messlatte hast, kannst Du Dich eines Tages entspannt zurücklehnen und Dir selbst auf die Schulter klopfen, weil Du sie übersprungen hast. Bei diesem Aspekt ist es auch wichtig, keine zu großen, langfristigen Ziele zu wählen. »Ich werde 20 kg abnehmen« ist ein guter Vorsatz, aber der Weg dorthin kann lang, hart und gepflastert mit Frustrationen sein. Besser sind kleinere, gut überschaubare Teilziele: »Ich werde diese Woche 1 kg abnehmen«, nach deren Erreichung Du Dich auch immer selbst belohnen solltest.

Merke: Es ist besser, mit drei kleinen Schritten das Ziel zu erreichen, als sich bei einem großen Sprung die Beine zu brechen!

A steht für »attractive«, also attraktiv oder auch reizvoll. Eigentlich sollte es selbstverständlich sein, dass wir die Ziele, denen wir in unserem Leben hinterher hecheln, auch wirklich als reizvoll erachten. Viele sind es ja auch wirklich. Andere scheinen auf den ersten Blick nicht besonders attraktiv, vor allem diejenigen, die uns im Laufe des Alltags so auf die Füße fallen. Gehörst Du auch zu den Menschen, die sich auf den letzten Drücker mit der Steuererklärung herumschlagen? Notwendig ist diese ganz bestimmt, aber ist denn eine Steuererklärung auch attraktiv? Der Trick bei diesen Zielen ist es, nicht den Prozess im Auge zu behalten, sondern das Endergebnis. Klar war es nervig, in tausenden Quittungen und Belegen herumzuwühlen. Allerdings das Gefühl, das fertige Päckchen heute endlich zur Post zu bringen, das war sehr attraktiv. Richtig? Und da Du das ja alle Jahre wieder machst, kann Du Dir den Moment des Triumphs und der Erleichterung also ausmalen.

Manchmal allerdings klappt es ganz und gar nicht, das Ziel, auf das wir hinsteuern, als attraktiv zu erleben. Egal, wie wir es auch drehen und wenden. Dann ist es höchstwahrscheinlich Zeit, es zu hinterfragen. Ist es wirklich mein Ziel, dem ich mich da entgegen kämpfe? Oder habe ich mir von außen etwas einreden lassen, was mir im Innersten nicht wirklich entspricht? Studiere ich Jura, weil Opa schon... und Papa auch... und es wäre ja auch schade um die schöne Kanzlei? Putze ich schon wieder meine Fenster, weil es mir selber ein Bedürfnis ist, oder weil ich denke, dass die Nachbarin sonst denkt, ich bin eine Schlampe? Es lohnt sich, bei so ganz widerspenstigen Zielen noch mal zu überprüfen, wessen Erwartungen wir da eigentlich gerade so krampfhaft zu entsprechen versuchen. Den eigenen? Oder einer der vielen »Stimmen unseres Verstandes«?

R steht für »realistic«, also realistisch. Klar. Realistisch sollten die Ziele schon sein. Vor allem für unsere Dauer-Perfektionisten keine leichte Sache! Klingt nämlich einfacher, als es in der Wirklichkeit oft ist. Einmal: Liegt das Ziel innerhalb dessen, was ich im Rahmen meiner persönlichen Fähigkeiten und Ressourcen tatsächlich schaffen kann? Und zum anderen: Ist das Ziel von mir selbst initiierbar und kontrollierbar? Oder überwiegt der Einfluss der Umwelt und äußerer Umstände auf dieses Ziel so stark, dass ich von vornherein auf verlorenem Posten stehe? »Ich werde die Armut und den Hunger auf der Welt beenden!« ist zweifellos ein Ziel der letzteren Kategorie, aber auch »Ich werde Chef unserer Abteilung!« steht auf wackeligen Füßen, da dabei noch jede Menge andere Leute ein Wörtchen mitzureden haben dürften. Dann schon lieber: »Ich bilde mich dieses Jahr in den Bereichen A und B weiter!«. Durchaus möglich, dass Dir das den Weg nach oben öffnet.

T steht für »timely« und ist der letzte Buchstabe. Timing ist alles, auch im Zusammenhang mit Zielen. Klare Vorgaben hinsichtlich des Zeitpunkts, bis zu dem Du das Ziel erreicht haben willst und hinsichtlich des Zeitpunkts, ab dem Du das Ziel in Angriff nehmen wirst. Manchmal hilft es auch, Zeitpunkte für Teilziele auf dem Weg zum großen Ziel festzulegen. Alles das ist Voraussetzung für zweierlei: Es hilft gegen die ewige Aufschieberitis – »irgendwann demnächst muss ich mal...« – und vor allem: Es erlaubt Dir, das richtige Tempo zu kalkulieren, das Du vorlegen musst, um das Ziel zu erreichen.

Wenn Du Dir nun also über Deine kleinen und großen Ziele Klarheit verschafft hast, dann solltest Du das Ganze jetzt noch schriftlich festhalten – es muss ja kein Roman sein, Stichworte tun's auch!

»Der Mensch ist ein zielstrebiges Wesen, aber meistens strebt es zu viel und zielt zu wenig.«

Günter Radtke

»Tu es! Sofort«

Nur der Mensch, der in der Lage ist, sich frei zu machen von verlockenden Angeboten aus der Werbung und nicht heute dies und morgen das will, sich frei zu machen von der Verlockung, sofort viel Geld zu verdienen, der es also schafft, eine lohnende Aufgabe, also ein Ziel, anzustreben, hat eine Chance, Großes zu erreichen.

Was schwebt Dir als Lebensziel vor?

Willst Du eine Stunde glücklich sein, schlafe.
Willst Du einen Tag glücklich sein, geh' fischen.
Willst Du eine Woche glücklich sein,
schlachte ein Schwein und verzehre es.
Willst Du einen Monat glücklich sein, heirate.
Willst Du ein Leben lang glücklich sein,
liebe Deine Arbeit.

Chinesisches Sprichwort

Nun, liegst Du bereits richtig?

Du musst Dir im Klaren sein, dass wenn Du wirklich Großes erreichen willst, dafür auch etwas tun musst und Du das große Geld niemals von heute auf morgen machen kannst, außer z.B. beim Lotto spielen, aber hier steht die Chance, dass Du Millionär wirst bei 1:14.000.000. Wenn Du nicht bereit bist, »Deinen Arsch« zu bewegen, dann lege dieses Buch zur Seite und lies es in 5 oder 10 Jahren noch einmal.

Vergeude Dein Leben nicht damit,
nur davon zu träumen, ***»es zu tun«!***
Viele Menschen versuchen, ***»es zu tun«!***
Viele Menschen wünschen sich, ***»es zu tun«!***
Viele Menschen ***»tun es«*** fast!

Ein Gewinner *»tut es«!* Er packt zu, wo immer Arbeit erledigt werden muss, sieht in jedem Problem bereits die Lösung und nimmt dieses als Herausforderung an.

Du wirst möglicherweise eine Menge Einwände finden, warum Du etwas nicht tun solltest. Diese Einwände sind allerdings immer Ausreden, und Ausreden sind letztendlich nur die Stimmen von Verlierern! Wenn Du Dich dann entschlossen hast, Dein Leben selbst in die Hand zu nehmen, Dich nicht ständig fremd bestimmen zu lassen und endlich etwas zu tun, dann halte Dich aber immer an die ***»Gesetze für Reichtum«*** (Seite 161).

Schon im Bestseller »Erfolg durch positives Denken" von Dr. Napoleon Hill und Clement Stone war dies eine der wichtigsten Anregungen, die bis heute nichts von seiner Bedeutung eingebüsst hat. »Aufschieberitis« ist die »Polio –Kinderlähmung – des Erfolgs«. Alle guten Vorsätze, welche nicht innerhalb der nächsten 24 bis 72 Stunden in Angriff genommen werden, werden später nur in den seltensten Fällen realisiert.

Also: »**Tue es sofort!**«

»Es genügt nicht, mit beiden Beinen im Leben zu stehen. Du musst Dich auf die Beine machen.«

Rolf Haller

»Das Unterbewusstsein«

Es gibt keine wissenschaftlichen Beweise für die Existenz eines Unterbewusstseins und dennoch gehen die meisten psychologischen Ansätze davon aus. Die Wissenschaft folgt der Annahme, dass wir ein Bewusstsein einerseits und ein Unterbewusstsein andererseits haben. Durch den Einsatz von Mentaltechniken kannst Du die Kraft Deines Unterbewusstseins nutzen. Damit Du es allerdings möglichst optimal nutzen kannst, ist es hilfreich, zunächst einiges über das Unterbewusstsein zu erfahren.

Es wird häufig auch die Unterscheidung zwischen dem Unterbewusstsein und dem Unbewussten gemacht. Der Unterschied liegt darin, dass wir auf unser Unbewusstes willentlich so gut wie keinen Zugriff haben. Viele unserer lebensnotwendigen Funktionen laufen gänzlich unbewusst ab. So denkst Du beispielsweise weder über Deine Blutzirkulation noch über Deine Verdauung nach - das funktioniert wie von allein. Im Folgenden soll es hier aber vor allem um das Unterbewusstsein gehen.

Unser Unterbewusstsein ist die Summe aller Vorstellungen, Erinnerungen, Eindrücke, Motive, Einstellungen und Handlungsbereitschaften, die in uns sind, die aber zurzeit nicht aktiv sind. Alles was im Moment aktiv ist, ist uns bewusst. Unterbewusst spielen aber all die inaktiven Elemente unserer Psyche in unser tägliches Tun und Denken mit hinein. Wenn Du lernst Auto zu fahren, musst Du viele Dinge gleichzeitig tun. Am Anfang fällt uns das schwer und wir müssen jeden Handgriff bewusst tun. Mit der Zeit allerdings automatisieren sich all diese Dinge und Du brauchst gar nicht mehr darüber nachzudenken. Dir ist das Autofahren in »Fleisch und Blut« übergegangen oder besser gesagt: Dein Unterbewusstsein steuert nun viele Deiner Handgriffe automatisch, während Du Dich auf andere Dinge konzentrieren kannst.

Unser Unterbewusstsein hat auch die wichtige Funktion, die Dinge wahrzunehmen, die wir bewusst nicht alle aufnehmen können. Überlege mal, wie viele Eindrücke in jedem Moment auf Dich einströmen - visuelle und akustische Reize wie Farben, Formen, Bilder, Töne, Geräusche und Stimmen, aber auch sensitive Reize wie Berührungen, ein kalter oder warmer Luftzug, Schmerzen... Denke auch an Gerüche, Stimmungen und viele andere Deiner Wahrnehmungen und Eindrücke. Wie viel davon nimmst Du normalerweise tatsächlich wahr? Einen winzigen Bruchteil. Und das ist auch gut so, denn sonst würden wir sehr wahrscheinlich - völlig überfordert - alle durchdrehen.

Hierzu ein kleine Übung: Setze Dich für einen kurzen Moment ruhig hin und stelle eine Eieruhr fünf Minuten. Nun versuche ganz konzentriert alles um Dich herum wahrzunehmen. Alles, was Du sehen, hören, fühlen, riechen und schmecken kannst. Finde für Dich heraus, wie viele Dinge Du gleichzeitig wahrnehmen kannst und erkenne auf diese Art und Weise, was Du im Normalfall überhaupt nicht wahrnimmst...

Weil unser Unterbewusstsein sehr viel mehr aufnimmt als wir bewusst registrieren, kann es uns in entscheidenden Momenten den Weg weisen, und das nennen wir dann Intuition. Dann macht sich unser Unterbewusstsein durch eine Stimme im Kopf oder durch ein komisches Gefühl im Bauch bemerkbar. Hin und wieder spüren wir auch bei einer anstehenden Entscheidung, wofür wir uns entscheiden müssen, ohne es rational erklären zu können. Oder wir spüren instinktiv eine drohende Gefahr. Manchmal kommen auch ganz plötzlich in uns Gefühle hoch und wir müssen ohne ersichtlichen Grund weinen oder lachen. Oder wir fühlen uns scheinbar grundlos zu einer fremden Person sehr hingezogen, die wir kaum kennen. In all diesen Situationen übernimmt unser Unterbewusstsein für kurze Momente die Führung. Wir können uns das Wissen und die Kraft unseres Unterbewusstseins zu Nutzen machen, wenn wir lernen zu verstehen, was es uns sagen will und wie das Unterbewusstsein arbeitet. Wir müssen dafür einerseits die Impulse unseres Unterbewusstseins wahrnehmen, um uns dann bewusst entscheiden zu können, diesem Impuls zu folgen oder nicht.

Andererseits können wir unserem Unterbewusstsein selbst Botschaften vermitteln. Unser Unterbewusstsein hat sehr viel Macht und Einfluss auf uns und unser Leben. Wenn wir lernen, diesen Einfluss mehr und mehr für unsere Zielsetzungen zu nutzen, finden wir in unserem Unterbewusstsein Hilfe und Unterstützung.

Unser Unterbewusstsein hat beispielsweise Einfluss auf folgende Bereiche unseres Lebens: Auf unsere Verhaltensweisen und Reaktionen, auf unsere Einstellungen und Überzeugungen, auf unsere Wahrnehmung, auf die Bedeutung, die wir den Dingen geben, die geschehen, auf unsere Gesundheit und unser Wohlbefinden, auf unsere Leistungsfähigkeit und unsere persönlichen Erfolge. Unser Unterbewusstsein lässt uns auch bestimmte Dinge sagen, die wir mit ein bisschen mehr Überlegung so nicht gesagt hätten. Oder es lässt uns Dinge vergessen, die wir uns vorgenommen hatten. Oder es sorgt dafür, dass wir eine bestimmte Entscheidung treffen, die wir vom Kopf her nicht erklären können. Unser Unterbewusstsein lässt uns manchmal auch zu einem bestimmten Buch greifen, in dem wir eine für uns wichtige Botschaft finden. Oder es versucht uns durch Unwohlsein, Erkrankungen oder ähnlichem von etwas abzubringen. Zum Beispiel von einem Ziel oder von zuviel Arbeit. Wenn wir erkennen, dass wir unsere unterbewussten Handlungen und Einstellungen zu unserem Vorteil nutzen können, gewinnen wir einen wirklich starken Verbündeten für alles, was wir erreichen wollen.

Aus dem Hochleistungssport ist bekannt, dass Spitzensportler ihre Mentalkräfte für ihren Erfolg nutzen. Diese Menschen haben gelernt, die Macht ihres Unterbewusstseins positiv für sich zu nutzen. Auch wenn Du nicht nach solchen Höchstleistungen strebst, kannst Du Dein Unterbewusstsein für Deinen persönlichen Erfolg nutzen. Es ist viel einfacher, wirklich erfolgreich zu sein, wenn Du lernst, mit Deinem Unterbewusstsein zusammenzuarbeiten. Oft boykottieren wir uns unbewusst selbst und wundern uns, warum nichts von dem, was wir uns vornehmen, klappt. Hier gilt es herauszufinden, warum und inwieweit Dein Unterbewusstsein gegen Dich arbeitet. Es ist allerdings nicht leicht, unser

Unterbewusstsein besser kennen zu lernen, gerade weil uns ja vieles nicht bewusst ist. Wir können uns allerdings einfach mit viel Neugier und Aufmerksamkeit selbst beobachten und so sehr viel über unser Verhalten erfahren. Weiterhin können wir auch gezielte Übungen machen, um mehr über unsere unterbewussten Prozesse herauszufinden.

Du kannst damit beginnen, konsequent Dein eigenes Verhalten zu analysieren und Du kannst Dir das zu einer Gewohnheit machen oder auch nur bestimmte Situationen dafür auswählen. Wenn Du beispielsweise nach einer Diskussion oder einem Gespräch mit Deinem Vorgesetzten im Nachhinein die ganze Situation vor Deinem eigenen Auge Revue passieren lässt, fallen Dir möglicherweise einige Verhaltensweisen auf, die Dir vorher nicht bewusst waren.

Suche Dir auch das Feedback von Anderen. Frage nach, wie Deine Worte oder Taten bei anderen ankommen. Das solltest Du natürlich nicht übertreiben, weil das Deinen Mitmenschen sonst komisch vorkommen könnte. Nicht nur Deine Verhaltensweisen und Reaktionen kommen zum größten Teil aus Deinem Unterbewusstsein, sondern auch viele Deiner Einstellungen. Du hast in Deiner Vergangenheit, zum Beispiel durch Erziehung oder durch Vorbilder gelernt, welchen Dingen Du positiv und welchen Dingen Du negativ gegenüber eingestellt bist, und nun beeinflussen Deine Einstellungen unbewusst Deine Verhaltensweisen und Entscheidungen.

Versuche, soviel wie möglich über Deine unbewussten Einstellungen herauszufinden. Das gibt Dir viele interessante Hinweise, warum Du Dich in vielen Situationen auf eine bestimmt Art verhältst. So kannst Du auch erkennen, ob und warum Du Dich in bestimmten Bereichen vielleicht selbst boykottierst. Wenn Du zum Beispiel in Deinem Unterbewusstsein einen Glaubenssatz verankert hast, der besagt, dass viel Geld charakterschwach macht, dann ist es nicht verwunderlich, wenn Du Dich selbst daran hinderst, viel Geld zu verdienen...

Damit Du Dein Unterbewusstsein möglichst optimal für Deine Ziele und Vorhaben nutzen kannst, solltest Du die wesentlichen Eigenschaften des Unterbewusstseins beachten: Unser Unterbewusstsein ist immer aktiv. Wir haben nur nicht immer Kontakt oder Zugriff dazu. Auch wenn Du schläfst, ist Dein Unterbewusstsein aktiv. Es produziert Bilder, ja sogar ganze Spielfilme - unsere Träume! Wenn Du Dein Unterbewusstsein nutzen willst, lohnt es sich, Deine Träume aufzuschreiben. Du brauchst Deine Träume nicht psychologisch deuten zu lassen, denn oft sind die Botschaften unseres Unterbewusstseins klar erkennbar. Manchmal allerdings sind die Träume verschlüsselt. Du kannst das dann ein bisschen wie ein Rätsel sehen, das Du lösen solltest. Finde heraus, was Dir Deine Träume sagen wollen. So kannst Du sehr viel über Dich selbst erfahren.

Viele von uns tun sich schwer, Kontakt zu ihrem Unterbewussten aufzunehmen. Wir sind es nicht gewohnt, auf unsere Intuition oder innere Stimme zu hören und darauf zu vertrauen, dass unser Unterbewusstsein für uns arbeitet. Du kannst aber diesen Kontakt erlernen und systematisch üben, mit Deinem Unterbewusstsein zu arbeiten. Die meisten Mentaltrainer gehen davon aus, dass das Unterbewusstsein keine Verneinungen versteht. Wenn Du Dir selbst beispielsweise immer wieder sagst: »Ich will nicht mehr so dick sein!« bleibt demnach für das Unterbewusstsein die Botschaft »Ich will dick sein!« übrig. Das ist eine etwas vereinfachte Darstellung, aber damit soll klar werden, wie ungünstig uneindeutige Botschaften an Dein Unterbewusstsein möglicherweise wirken können. Überprüfe das einmal für Dich selbst. Wenn Du möchtest, dass Dein Unterbewusstsein auf eines Deiner Ziele hinarbeitet, so formuliere das, was Du erreichen willst immer so, als hättest Du es schon erreicht. Sage: »Ich wiege 70 Kilo« - oder was Dein Traumgewicht ist - oder sage Dir selbst: »Ich bin General-Direktor!« - wenn das die Position ist, die Du anstrebst. Weil Du die Botschaft so formulierst, als wäre das Ziel bereits Wirklichkeit, wird Dein

Unterbewusstsein sofort darauf hinarbeiten, dieses Ziel real werden zu lassen. Wie Du auch an dem Phänomen der Träume sehen kannst, liebt das Unterbewusstsein die Sprache der Bilder. Setze deshalb Bilder und detailreiche Beschreibungen dessen ein, was Du erreichen willst. Male Dir die Situation aus, in der Du Dein Ziel erreicht hast - in allen Details. Gerade weil das Unterbewusstsein durch Bilder stark motiviert und angeregt wird, lässt sich auch die Methode der Visualisierung nutzbringend einsetzen. Auch wenn wir zunächst vieles, was uns unser Unterbewusstsein zu sagen versucht, nicht verstehen und wenn wir uns vielleicht auch oft über unsere unbewussten Handlungen ärgern - eines ist wichtig: Dein Unterbewusstsein will nur Dein Bestes. Du handelst in der Regel immer nach besten Wissen und Gewissen. Es kann aber sein, dass die grundlegenden Botschaften für Deine Vorhaben ungünstig sind. Dazu ein kleines Bespiel: Wenn Du als Kind immer wieder gehört hast, dass Du unsportlich bist, dann glaubst Du vielleicht wirklich daran. Wenn Du einen solchen Glaubenssatz in Dir hast, kann es sein, dass Dein Unterbewusstsein alle Deine Versuche, Sport zu treiben, boykottiert - mit Unlust, Vergesslichkeit oder sogar mit Krankheiten. Es will Dich so vielleicht vor Enttäuschungen oder Hänseleien schützen. Dein Unterbewusstsein will Dir nämlich zum einen Freude bereiten und zum anderen Schmerzen vermeiden. Viele solcher alten Programme kannst Du aber mit neuen Botschaften an Dein Unterbewusstsein verändern, und dazu ist eine der geeignetsten Methoden die schon erwähnte Visualisierung...

»Die Erkenntnis, dass das Unterbewusstsein durch unsere Gedanken gelenkt werden kann, ist vermutlich die größte Entdeckung aller Zeiten.«

William James

»Verantwortung für sein eigenes Handeln!«

Verantwortung für sein eigenes Handeln zu übernehmen, auch wenn wir scheinbar nichts mit einer bestimmten Situation zu tun haben. Verantwortung für alles was wir tun, und vor allem für das, was wir nicht tun. Verantwortung für unser Denken, unsere Entscheidungen und dafür nicht alles persönlich zu nehmen, sondern zu lernen bzw. willig zu sein zu lernen. Und schließlich auch die Verantwortung für unsere eigenen Rückschläge selbst zu übernehmen, ohne andere Gründe anzuführen. Gerade bei diesem so wichtigen ersten Ansatz der Verantwortung scheitern die meisten Menschen. Und warum?

Weil es einfach ist, äußere Umstände für eigenes Versagen anzuführen. Aber sich selbst in die Augen zu sehen und sich einzugestehen, dass wir selbst für den eigenen Schmerz oder ähnliches verantwortlich sind, erfordert Kraft und Mut. Letztlich genau die Punkte, die uns auch helfen, gestärkt daraus hervor zu gehen und deshalb werde ich niemals eine Niederlage hinnehmen und werde aus meinem Wortschatz Worte wie Nicht können, unfähig, unmöglich, außer Frage, unwahrscheinlich, Fehlschlag, undurchführbar, hoffnungslos und aufgeben, streichen! Denn das sind Worte eines Verlierers!

Ich werde Verzweiflung meiden, aber wenn dieser Zustand Besitz von mir ergreift, werde ich sogar dann mit vollem Einsatz weiter machen. Ich werde mich quälen und werde durchhalten. Ich werde die Hindernisse um mich herum ignorieren und meine Augen nur auf das Ziel vor mir richten, denn ich weiß, wo die Wüste endet, wächst bereits grünes Gras. Ich werde mich an das »Gesetz der großen Zahl« erinnern und ich werde es zu meinen Gunsten anwenden. Ich werde mich mit dem Bewusstsein einsetzen, dass jeder Fehlschlag beim Verkauf gleichzeitig eine Vergrößerung der Chance für den Erfolg beim nächsten Versuch bedeutet. Jedes Nein bringt mich dem nächsten Ja näher. Jedes Stirnrunzeln, das mir begegnet, wird mich dem nächsten Lächeln näher bringen. Jeder Misserfolg den ich hinnehmen muss, trägt in sich die Saat des morgigen Glücks. Ich brauche die Nacht, um den Tag zu schätzen. Ich brauche Fehlschläge, um Erfolg zu haben. Ich werde tun, tun und wieder tun.

Jedes Hindernis werde ich nur als einen Umweg zu meinem Ziel und eine Herausforderung an meinen Beruf betrachten. Ich werde durchhalten und Fähigkeiten entwickeln, in dem ich lerne, auch den Zorn in jeder Lage zu zügeln. Ich werde lernen das Geheimnis derjenigen anzuwenden, die mich bei meiner Arbeit übertreffen. An jedem Tag der zu Ende geht, gleich ob es ein Erfolg oder eine Niederlage war, werde ich versuchen einen weiteren Verkauf zu erzielen. Wenn meine Gedanken meinen müden Körper bereits nach Hause befehlen, werde ich trachten, der Versuchung aufzugeben, zu widerstehen. Ich werde weitermachen!

Ich werde einen weiteren Versuch unternehmen zu einem Sieg zu gelangen und falls dieser fehlschlägt, werde ich noch einen weiteren Versuch unternehmen. Niemals werde ich zulassen, dass ein Tag mit einer Niederlage endet. So werde ich die Saat für den morgigen Erfolg säen und einen unüberwindbaren Vorteil jenen gegenüber erreichen, die ihrer Arbeit in einer vorgeschriebenen Zeit nachgehen. Wenn andere ihren Kampf bereits aufgeben, wird mein Kampf erst beginnen. Auch werde ich meinem gestrigen Erfolg nicht erlauben mich in heutige Selbstzufriedenheit einzulullen, da dies die Grundlage für Fehlschläge bedeutet. Ich werde die Ereignisse des vergangenen Tages vergessen, gleich ob sie gut oder schlecht waren und den neuen Tag mit Zuversicht begrüßen in dem Bewusstsein, dass dies der beste Tag meines Lebens wird. Solange Atem in mir ist, solange werde ich weiter beharren, denn heute kenne ich das höchste Prinzip für Erfolg:

Wenn ich lange genug beharre, werde ich gewinnen!

Ich werde beharren! Ich werde gewinnen!

»Vertrauen gewinnen«

»Der Hauptgrund für die Entscheidung, nicht bei Ihnen zu kaufen, ist mangelndes Vertrauen!« Zig Ziglar

Hier einige Punkte, wie DU das Vertrauen anderer Menschen gewinnen wirst:

1. Die sicherste Art, das Vertrauen unserer Mitmenschen zu erhalten ist die, es uns zu verdienen. Das heißt also, Du solltest bestrebt sein, in allen Deinen Handlungen und Ausführungen stets die Erwartungen, die in Dich gesetzt werden, auch zu erfüllen. Das beinhaltet natürlich auch, vorher gemeinsame Klarheit über diese Erwartungen zu erzielen. Es kann nämlich durchaus vorkommen, dass Deine Partner (privat oder geschäftlich) völlig andere Vorstellungen haben als Du selbst. Es ist also wichtig, rechtzeitig die gegenseitigen Pflichten und Rechte - wenn möglich und sinnvoll - schriftlich zu fixieren.

2. Absolute Ehrlichkeit ist Grundvoraussetzung für eine Vertrauensbasis, denn auf die Dauer gesehen gewinnt stets der Ehrliche und nicht - wie so oft angenommen - der Clevere. Sobald nämlich ein ehrlicher Mensch von einem cleveren ausgenützt wird, merkt dies nicht nur der Ausgenutzte selbst irgendwann, sondern andere Menschen sehen dies auch. Und von einem Menschen, der andere ausnutzt, distanziert man sich gewöhnlich und vermeidet es, in irgendeine Beziehung mit diesem Menschen zu kommen.

3. Solange Du noch kein Selbstvertrauen besitzt, kannst Du von keinem Menschen erwarten, dass er Dir vertrauen soll. Entwickle also Selbstvertrauen und Selbstsicherheit, dann wirst Du ein sicheres und überzeugendes Auftreten haben.

4. Gestalte auch Dein Äußeres so, dass es Deinen Mitmenschen leichter fällt, vom ersten Eindruck an Vertrauen zu Dir zu entwickeln. Ein »Langhaariger« wird stets mehr Vertrauen zu »Langhaarigen« haben und einen »Kurzgeschorenen« als Spießer bezeichnen. Und ein »Kurzhaariger« wird eher zu einem ebenfalls »Kurzhaarigen« Vertrauen haben können. Kleide Dich also so, dass die Mitmenschen zu Dir passen, mit denen Du Geschäfte tätigen oder Kontakte knüpfen willst. Wenn Du Dir das Leben allerdings gern schwer machen möchtest, dann verkaufe ruhig Landmaschinen im Smoking oder Parfum im blauen Arbeitsoverall.

5. Verlass Deinen Blickpunkt und versetze Dich einmal in die Situation des anderen, um Verständnis für seine Probleme aufbringen zu können. Wenn Du stets nur an Deinen Vorteil und an Deine Probleme denkst, wird sich der Partner vernachlässigt und ausgenutzt vorkommen. Wenn Du allerdings seine Probleme und vielleicht sogar seine Bedürfnisse kennst, findest Du den Weg, wie Du ihm sowie auch Dir selbst gerecht werden kannst.

6. Sprich nicht nur mit Überzeugung und Begeisterung, sondern beherrsche auch Dein Metier! Wenn es um fachliche Qualifikationen geht - die Dir noch fehlen - so kannst Du diese heutzutage für wenig Geld auf dem 2. Bildungsweg erlangen. Wichtiger ist jedoch, von Dingen, die Du nicht verstehst, auch nicht zu sprechen.

7. Lass Dich niemals dazu hinreißen, Versprechungen abzugeben, die sich nicht realisieren lassen, denn dadurch erweckst Du von vornherein Misstrauen. Jeder Mensch weiß, dass man nicht alles erhalten kann und findet sich damit ab. Sich jedoch damit abfinden zu müssen, Dinge nicht zu erhalten, die einem vorher versprochen wurden, lassen jede Vertrauensbasis zerbrechen.

8. Lass Dich nicht zu negativen oder abfälligen Bemerkungen über Abwesende oder Konkurrenten hinreißen. Jeder gesunde Menschenverstand ist in der Lage - aus einer solchen Verhaltensweise zu schließen, dass Dein jetziger Gesprächspartner schon bald der nächste sein kann, über den Du solche oder ähnliche Äußerungen anderen gegenüber fallen lässt.

9. Sollte Dir ein Geheimnis anvertraut werden, sei stolz auf Dich, und behalte diesen Umstand und auch den Inhalt nur für Dich. Erstens ist es eine große Aufgabe für Dich, in der Lage zu sein zu schweigen, und außerdem könnte es sein, dass man Dich nur testen will. Selbst wenn Du merkst, dass derjenige, der Dir das Geheimnis anvertraut hat, es auch anderen Menschen erzählt hat, sollte dies noch lange kein Grund für Dich sein, darüber zu sprechen. Beobachte das Verhalten anderer Menschen und lerne daraus. Dies ist die preiswerteste Möglichkeit, Dich selbst zu entwickeln.

Nun wäre es natürlich völlig falsch und unmöglich, alle diese Punkte ab heute zu beachten und sofort in die Tat umzusetzen. Das würde ein ähnliches Resultat bringen, als wenn Du jonglieren lernen wolltest und gleich mit neun Bällen beginnst.

Denke aber stets daran, dass Du, wenn Du überhaupt nichts tust, genau die gleichen schlechten Resultate erzielst, als wenn Du alles auf einmal erreichen willst.

»Vertrauen ist für alle Unternehmungen das große Kapital, ohne welches kein nützliches Werk auskommen kann. Es schafft auf allen Gebieten die Bedingungen gedeihlichen Geschehens.«

Albert Schweitzer

Illustration by Lukas Luke Drak
www.luckyworld.cz

»Visualisierung eines Ziels«

Den meisten Menschen hilft es, bestimmte Inhalte durch die Verknüpfung mit einem Bild schneller zu lernen, und sie setzen dafür die verschiedensten Techniken zur Visualisierung ein. Mach auch Du Dir dieses Wissen zu nutze, denn das Bildhafte wird 7mal schneller zum Unterbewusstsein transportiert als ein Gedanke oder ein gesprochenes Wort. Visualisierungstechniken bieten sich nicht zuletzt deshalb an, weil durch diese Art der Assoziationen nicht nur beide Gehirnhälften aktiviert und genutzt werden, sondern auch, weil unser Unterbewusstsein Bilder liebt.

In der Medizin, der Raumfahrt, der Pilotenausbildung oder auch im Leistungssport werden Techniken der Zielvisualisierung eingesetzt. Diese Techniken setzen Energiereserven frei und erhöhen die Konzentration auf die Zielerreichung. Ob nun private, berufliche oder gesundheitliche Ziele, entscheidend ist das disziplinierte und stetige Tun, um Deine Ziele zu erreichen. Doch hier scheitern viele, denn der Weg ist häufig weit, die Ablenkungen groß und das Tagesgeschäft mit seinen Anforderungen holt uns immer wieder ein.

Führe folgende kurze Übung in der nächsten Zeit mindestens einmal täglich durch, um kraftvoller und konzentrierter an der Zielerreichung zu arbeiten. Es wird Dir helfen, »dran« zu bleiben, Ideen zu generieren und Dich auf Wichtiges zu konzentrieren. Es handelt sich bei dieser Übung um eine meditative Zielvisualisierung, die circa 10 Minuten dauert. Entwickle durch diszipliniertes Üben Deine eigene Methode. Ob nun im Sitzen oder im Liegen, ob morgens oder abends, finde Deine persönliche Zeit und Form der Übung heraus.

1. Schaffe Dir für 10 Minuten einen störungsfreien Raum.

2. Setze Dich gerade auf einen Stuhl bzw. lege Dich auf den Rücken. Dabei den Rücken bitte gerade halten.

3. Schließe die Augen und achte auf Deinen Atem. Atme mit dem Zwerchfell – der Bauch geht nach außen beim Einatmen. Wenn Dir andere Gedanken durch den Kopf gehen, dann lasse den Gedanken los und achte wieder auf Dein Ein und Ausatmen.

4. Wenn Du ganz ruhig geworden bist und selten abschweifst, dann lenke Dein Bewusstsein auf Dein Ziel.

5. Stelle Dir genau vor, wie es am Ziel ist. Was siehst Du? Was spürst Du? Was riechst Du?

6. Modelliere nun Dein Ziel. Lass das Bild besser und kompletter werden.

7. Wenn Du zufrieden mit Deiner Visualisierung bist, dann bleibe bitte noch einem Moment dort.

8. Lass nun das Bild bzw. den Film los und achte ungefähr eine Minute lang auf Dein Ein und Ausatmen.

9. Öffne nun vorsichtig Deine Augen, strecke Dich und notieren gegebenenfalls Ideen, die Dir während der Übung »begegnet« sind.

Diese Übung wird auf Dauer positive Effekte auf Deine Konzentration, Deine Zielerreichung und auf Deine Ausgeglichenheit haben.

Wir wünschen Dir viel Spaß und Erfolg bei dieser Übung…

»Benutze visuelle Hilfsmittel.«

Dale Carnegie (1888-1955)

»Vorurteile«

»Ein Vorurteil ist eine sachliche Begründung bzw. nicht durch Erfahrung erworbene Einstellung gegenüber Dingen oder Menschen, durch die Ihnen positive oder negative Eigenschaften zugesprochen werden. Vorurteile sind bequemer als die kritische und rationale Sicht und sie ersparen das eigene Nachdenken. Sie sind grundsätzlich übernommen und auch durch entgegengesetzte Erfahrungen nur schwer zu korrigieren.«

Laut Duden

Was so viel bedeutet wie, ein Vorurteil ist ein Urteil, das gefällt wird, ohne dass alle Fakten geprüft wurden. Hierzu ein kleines Beispiel: Du kommst mit einem Mordshunger von der Arbeit und erinnerst Dich an letzte Woche, als Du mit dem gleichen Leeregefühl im Magen nach Hause gekommen bist und eine schluchzende Frau mit angebranntem Essen vorgefunden hast. Kaum an der Haustür, riecht es schon wieder sehr seltsam, wir könnten sagen: Angebrannt! *»Das ist ja wohl der Gipfel! Wo hast Du bloß Deine Gedanken? Ich muss mich bei der Arbeit acht Stunden lang konzentrieren...«* Aber das Lächeln Deiner Frau bleibt und ihre Engelsstimme sagt: *»Schatz, die angebrannten Kartoffeln sind bereits im Mülleimer. Inzwischen habe ich zwei Pizzen in den Ofen geschoben. Du kannst Dich sofort an den Tisch setzen und essen!«*

Jetzt bekommst Du ein schlechtes Gefühl und nimmst Dir vor, beim nächsten Mal abzuwarten.

Ein typisches Beispiel, einem Vorurteil unterlegen zu sein. Vorurteile sind, Urteile, die vor den Fakten gefällt werden. Leider erkennen die meisten Menschen die überflüssige Versteifung auf einen Standpunkt erst im reifen Alter.

»Es ist schwieriger, eine vorgefasste Meinung zu zertrümmern als ein Atom.«

Albert Einstein (1879-1955)

Bart Spinney
(Lead-Singer from Baby Secondhand)
www.facebook.com/babysecondhand

»Willenskraft«

Willenskraft ist die Fähigkeit, eine Idee durch die Tat zur Vollendung zu bringen. Manche Menschen schaffen das ohne weiteres, andere kostet es viel Überwindung und Anstrengung, ein Vorhaben zu Ende zu bringen. Woher kommt das? Hier macht sich das vorhandene oder nicht vorhandene positive oder negative Denken bemerkbar.

Wie benimmt sich ein Mensch, von dem gesagt wird, er besitze eine starke Willenskraft? Er ist zielstrebig, er ist sich seiner Sache sicher, er strahlt Optimismus aus. Schwierigkeiten sind für ihn da, um aus der Welt geschafft zu werden. Er ist vom Gelingen seiner Sache überzeugt und hat ein großes Durchhaltevermögen.

Stelle diesem Menschen jemand mit nur wenig Willenskraft gegenüber. Dieser müsste ungefähr so charakterisiert werden: Wankelmütig, unsicher, pessimistisch, Schwierigkeiten fürchtend, von Zweifeln geplagt. Es dürfte klar sein, welcher Mensch mehr zu erreichen vermag...

Du kannst die ganze Palette von natürlichen Gefühlen, Gedanken und Wünschen zur Stärkung Deiner Willenskraft heranziehen. Dies erreichst Du, wenn Du Dich Deinen positiven Wünschen und Gefühlen hingibst. Lässt Du diesen Gefühlen ihren natürlichen Lauf, so verstärkst Du damit auch Dein Wollen. Unsere Wünsche und Sehnsüchte müssen wir stark und mächtig werden lassen, bis sie lawinenartig anschwellen und durch nichts mehr aufzuhalten sind. Jetzt kommt es nur noch darauf an, dass alle Faktoren, die uns helfen ein Ziel zu erreichen, in eine Richtung gelenkt werden, so dass sich diese wiederum gegenseitig verstärken.

Kämpfen wir also diesmal nicht gegen Gedanken und Gefühle, die uns hemmen, sondern wir lassen uns von dem Strom der positiven Eingebungen mitreißen. Die Macht der falschen Gedanken ist nun gebrochen, die nützlichen Gedanken dominieren und lassen uns zum gewünschten Ziel gelangen.

Ja, die Willenskraft tritt dann zutage, wenn alle störenden und hemmenden Überlegungen ausgeschaltet sind. Dann brauchen wir uns nicht mehr verzweifelt bemühen, etwas zu erreichen. Der Ansporn zur Tat kommt aus uns selbst heraus, ohne Zwang und Befehl. Nicht durch erzwungenes Wollen, sondern durch Hingabe an unsere Wünsche und Gefühle erreichen wir das Ziel...

»Stärke entspringt nicht physischer Kraft, sondern einem unbeugsamen Willen.«

Mahatma Gandhi (1869-1948)

»Wissen ist Macht!«

Wissen ist Macht ist einer der dümmsten Sprüche, der jemals um die ganze Welt gegangen ist. Noch heute fragen sich Menschen, die viele Semester studiert haben und alles wissen, warum sie noch nichts sind. Sie meinen, jetzt wird man sich um sie reißen, doch nichts passiert. Wir können hier auch eine Parallele zu unserem Bildungssystem erkennen. Wir bringen unseren Kindern »Wissen« bei, aber nicht, wie sie dieses Wissen nutzen können. Das zeigt sich auch ganz klar an der Unfähigkeit vieler Hochschulabsolventen irgendetwas von dem, was sie »gelernt« haben, in anderen Lebensbereichen anzuwenden.

Ist das nicht erschreckend?

Warum kommen so viele Lehrer und Erzieher mit ihren eigenen Kindern nicht klar? Warum steht der Beruf der Psychologen in der Selbstmordtabelle mit an 1. Stelle? Weil sie das Erlernte bei sich selbst nicht anwenden oder anwenden können.

Wissen muss angewendet werden, um einen Wert zu schaffen. Es geht darum, mit unserem Wissen Entscheidungen gezielter zu treffen, Probleme zu lösen und es in Handlungen umzusetzen. Erlerntes Wissen anwenden, erweitern und an der Realität überprüfen. Lernen durch Tun und das Sammeln neuer Erfahrungen. Das ist die Grundlage ständiger Verbesserung.

»Wenn man hört, wie viele genau wissen, wie man alles besser machen könnte, muss man sich wundern, warum sie es nicht endlich selber tun!«

Andreas Stölzel

Finanz Punk mit Bart Spinney
(Lead-Singer from Baby Secondhand)
www.facebook.com/babysecondhand

»Die Macht der Wünsche!«

Wünsche sind große Verbündete, mit denen wir unsere Willenskraft stärken können. Der Wunsch ist eine mächtige Triebfeder unseres Ichs. Er gibt uns Kraft und veranlasst uns, alle unsere Fähigkeiten zu koordinieren und auf das eine Wunsch-Ziel zu richten, das uns vorschwebt.

Du kennst den Spruch »**Der Wunsch ist der Vater des Gedanken**« ganz bestimmt. Wie Du mittlerweile weißt, sind Gedanken mächtig. Gedanken können uns hemmen aber auch fördern, und ein starker Wunsch löst starke, mächtige Gedankenströme aus, die uns auf das Ziel hintreiben. Der Wunsch, etwas zu erreichen, lenkt unsere Gedanken immer wieder auf das Ziel. Unablässig werden wir daran erinnert, was wir vorhaben.

Verankere Deine Wünsche in Deinem geistigen Leben. Lass die Wünsche, die gleichbedeutend mit Deinen Zielen sein müssen, wachsen und schüre den Wunsch mit Leidenschaft. Der Wunsch, etwas zu besitzen oder zu erreichen, muss größer werden, dann wächst auch seine Macht, Dir zu helfen.

Die Methode, Wünsche wachsen und mächtig werden zu lassen, bewirkt eine ungeheure Steigerung Deiner Energie und Willenskraft. Durch das »bewusste« Verstärken des Wunsches wird dieser fest im Unterbewusstsein verankert. Das Unterbewusstsein weiß nun, was Du möchtest und wird Dir in dieser Hinsicht ein machtvoller Helfer sein und danach streben, Deine Wünsche wahr werden zu lassen.

Arbeite nur mit positiven Wünschen und Gedanken. Lasse kein negatives Denken über Deine Ziele und Wünsche zu. Geschieht dies trotzdem, so werden die positiven Gedanken wieder neutralisiert und es wird sich kein Erfolg einstellen. Erlaube Deinem Wunsch, dass er von Deinem Denken Besitz ergreift, und Du wirst zwangsläufig erreichen, was Du erstrebst.

Verwende auch die Autosuggestion und sorge dafür, dass Dein geistiges Bild und der Wunsch eine Einheit bilden. Denke immer wieder an Deinen Wunsch, Dein Ziel. Rufe Dir jede Stunde in Dein Gedächtnis zurück, was Du Dir wünschst. Nimm Dir nie gleichzeitig mehrere Wünsche vor, denn das führt zu einer Streuung Deiner Gedanken, und somit wird eine Abschwächung derselben eintreten. Drei Wünsche gleichzeitig sind möglich, wenn Du bei diesen in einem Nah, Mittel und Fernziel unterscheidest. Doch niemals mehr.

Verwende einige Tage darauf, Deinen momentanen Hauptwunsch zu verstärken und tu es mit Freude und Begeisterung...

»Werde ich das Ziel meiner Sehnsucht erreichen?« fragte ein Ehrgeiziger den pythischen Apoll und erhielt die Antwort:
»Gewiss!«
»Gewiss? O göttliche Verheißung!« rief der Ehrgeizige glückstrunken aus. »Meine Wünsche werden erfüllt – alle erfüllt?«
»Alle!«
»Auch die kühnsten?«
»Auch die!«
»Sei gepriesen, du Göttlicher, auch die! Und wann?«
»Sobald dir an ihrer Erfüllung nichts mehr liegt.«

Marie von Ebner-Eschenbach (1830-1916)

»Die große Zielsetzung«

Die meisten Menschen treiben auf dem Strom des Lebens dahin. Sie sind sich nicht im Klaren, was Sie wollen. Die Möglichkeit, Ihrem Leben ein Ziel zu geben, ist ihnen noch nicht einmal in den Sinn gekommen. Am Ende wundern sie sich dann, dass sie sich an einem Platz wieder finden, der ihnen keinesfalls zusagt.

Ein solcher Mensch gleicht einem Segelschiff, dessen Mannschaft beschlossen hat, sich ganz - ohne zu steuern - dem Wind anzuvertrauen. Dieses Schiff würde einmal in diese, dann wieder in eine andere Richtung treiben. Es wäre reiner Zufall, wenn es ein Ziel erreichen würde. Auch könnte die Landung an einer Küste erfolgen, die wenig gastfreundlich ist und kaum gute Lebensbedingungen bietet.

In Wirklichkeit wird das kein vernünftiger Mensch tun - so denken Sie. Aber genau das tun Millionen von Menschen! Sie arbeiten und tun ihre Pflicht, ohne sich zu überlegen, was sie aus ihrer Arbeit alles machen könnten. Der Mann, der in der unteren Büroetage seinen Dienst versieht, denkt wohl manchmal daran, wie schön es wäre, weiter oben zu stehen. Aber es fehlt ihm die genaue Vorstellung von dem, was er oben erreichen möchte, welche Richtung er einschlagen soll. Aus diesem Grund hat er es auch bis jetzt unterlassen, sich weitere Kenntnisse anzueignen und sich weiterzubilden.

Lebe mit einem Ziel vor Augen!

Ein Ziel zu haben ist gleichbedeutend mit Erfolg. Wenn Du weißt, was Du im Leben erreichen willst, kannst Du alle Kräfte, Neigungen, Talente, Dein Denken und Fühlen auf diese Sache konzentrieren. Je früher Du damit beginnst Deine Kräfte auf ein Ziel zu richten, umso erfolgreicher wirst Du sein. Ein erfolgreicher

Mensch wird sich und seine Talente nie verplempern und er hat es auch nie getan.

Nimm den jungen Wolfgang Amadeus Mozart. Er beherrschte mit sechs Jahren meisterhaft das Klavier. Mit dreizehn Jahren wurde er als Konzertmeister zum Erzbischof von Salzburg berufen. Er starb schon im Alter von fünfunddreißig Jahren. In dieser kurzen Zeit hat er eine unendliche Anzahl von Musikstücken und Opern geschrieben. Dabei schrieb er sämtliche Notenblätter ohne Fehler und Korrekturen. Kein anderer Komponist hat je eine so große Anzahl von Kompositionen geschaffen. Mozart hat in frühester Jugend erkannt, dass seine Begabung auf dem Gebiet der Musik lag. Er schulte diese Gabe und wurde geschult. Auch konzentrierte er sich nur auf dieses Gebiet. Nach den Gesetzen des Erfolges musste Mozart darum zwangsläufig viel erreichen.

Du wirst jetzt möglicherweise: »*Alles schön und gut, aber dieser Mann war ein Genie! Diese Leistung kann ich nie vollbringen.*« Gut. Du musst ja auch nicht gleich Weltberühmtheit und Unsterblichkeit erlangen, obwohl das Wort im Raum steht:

»Einem Menschen, der lesen kann und die Gesetze des Erfolges ständig und eisern anwendet, stehen alle Türen offen!«

Ja, woher willst Du denn wissen, wo Deine Grenzen sind, wenn Du diese noch nie ausgetestet hast? Fest steht nur eines, dass Du die Grenzen sprengen kannst, die Dich jetzt noch »scheinbar« umgeben. Schreite vorwärts auf dem Weg zu einem neuen Leben und vergiss Deine Grenzen, denn niemand wird Dir sagen können, wie weit Du es am Ende Deines Lebens gebracht haben wirst.

Wenn Du bis jetzt noch gezögert hast, die Anregungen, die Du hier erhalten hast, anzuwenden, dann lass Dir sagen:

Fang jetzt und sofort damit an, die Anregungen in die Tat umzusetzen. Zögere nicht mehr länger, denn jede Sekunde, jede

Minute, jede Stunde und jeder Tag, die vergehen, sind unwiederbringliche Vergangenheit. Je früher Du beginnst, umso eher wirst Du etwas erreichen. Sei geduldig und gib Dir etwas Zeit, denn auch Glück und Erfolg müssen hart erarbeitet werden.

Betrachte die folgenden Anweisungen bitte nicht als nette Spielerei. Denke vielmehr daran, dass Dich die konsequente Anwendung unserer Anregungen dorthin bringen, wo Du insgeheim schon lange stehen willst.

Hast Du schon einmal davon geträumt, dieses oder jenes zu tun? Werde Dir jetzt klar darüber, was Dich davon am meisten reizt, Dir eine große Befriedigung gibt und was Du am liebsten tust. Ja. Warum sollte jemand denn seine Träume nicht verwirklichen können? Die meisten, die es versuchen, haben es geschafft. Aber wer »versucht« es denn schon, seine Träume zu verwirklichen? Machst Du da eine Ausnahme? Erobere Deinen Traum und lasse ihn zur Wirklichkeit erblüh'n!

Mit Glauben, Mut und Vertrauen wirst auch Du es schaffen. Denke auch daran: Alles, was Du Dir in Deiner geistigen Welt vorstellen und gedanklich erfassen kannst, kann verwirklicht werden. Deine Gedanken bist Du selbst. Sind Deine Gedanken und Vorstellungen glücklich und erfolgreich, so bist auch Du glücklich und erfolgreich. So einfach ist das tatsächlich...

Du denkst jetzt möglicherweise, dass das alles mit Deinem jetzigen Beruf überhaupt nicht möglich ist? Nun, dann hast Du ganz genau zwei Möglichkeiten: Zum einen wechsele Deinen Beruf oder zum anderen lerne Deinen Beruf lieben.

Dazu eine Geschichte: Ein Mann war bei einer Firma beschäftigt, die schöne, geschwungene Stahlbetonbrücken baute. Er war »nur« ein einfacher Betonmischer und er dachte oft wie schön es wäre, Ingenieur zu sein und solch faszinierende Bauwerke zu konstruieren und zu entwerfen. Er war sehr unzufrieden mit seinem kleinen Beruf. Eines Tages jedoch kam ihm ein Gedanke, der sein Leben änderte. Er führte sich vor Augen, was geschehen könnte, wenn er eine fehlerhafte Betonmischung machen würde. Die ganze Brücke könnte eines Tages einstürzen und vielen Menschen den Tod bringen.

Diese Vorstellung zeigte ihm, wie wichtig seine Tätigkeit war. Von jetzt an war er sich seiner Verantwortung bewusst, war stolz auf seine Tätigkeit und führte sie umsichtig, gewissenhaft, verantwortungsvoll und mit Freude aus.

Mach es wie dieser Mann: Werde Dir Deiner Bedeutung bewusst, aber sei dabei niemals überheblich. Übrigens: Warum hätte unser Mann nicht auch Ingenieur oder Architekt werden können?

Gelingt es Dir dennoch nicht, Deinen Beruf zu lieben, dann bleibt Dir letztendlich nichts anderes übrig als diesen zu wechseln. Es gibt nichts Schlimmeres als tagein, tagaus, jahrelang, jahrzehntelang einer Arbeit nachzugehen, die Du ohne Freude, Begeisterung, Leidenschaft und unter dem Zwang, Geld verdienen zu müssen, verrichtest. Unter diesen Umständen wird wohl kaum jemand je etwas Besonderes leisten. Ganz anders sieht es dagegen aus, wenn wir unsere Arbeit mit viel Freude, Begeisterung und Leidenschaft erledigen.

In diesem Zustand können wir schwer und viel arbeiten, ohne es so zu empfinden. Die Arbeit wird uns leichter von der Hand gehen und wir werden versuchen, dieselbe immer besser zu machen. Urteile selbst, welche Art von Arbeit die Voraussetzungen zu mehr Befriedigung und Erfolg für Dich in sich birgt.

Fürchte Dich nicht davor, den Beruf zu wechseln. Das haben Tausende vor Dir schon getan. Du kannst Dich ja eventuell während Deiner jetzigen Tätigkeit schon auf Deinen neuen Wirkungskreis vorbereiten, doch beginne um Himmelswillen endlich Deine Zukunft zu planen.

Frage Dich ganz genau, was Dir im Leben am besten gefällt, was Du gerne tun möchtest und was Du in absehbarer Zeit werden oder erreichen möchtest. Denke auch daran, ob Dir Dein Hobby oder eine nicht genutzte Begabung den Weg zeigen kann.

Das Ergebnis dieser Überlegungen muss zur Festlegung Deines Zieles führen. Fixiere dieses Ziel genau und wende dabei die Anregungen, die Du in **»Glück & Erfolg kompakt«** von uns bekommen hast an. Und weißt Du, wann der beste Zeitpunkt ist, damit zu beginnen?

JETZT!

»Der sehr bekannte, ehrenwerte, amerikanische Richter Oliver Wendell Holmes konnte in einem Zug seine Fahrkarte nicht finden. Der Schaffner sah ihm geduldig zu, wie der Achtundachtzigjährige alle seine Taschen durchsuchte – ohne Erfolg. Natürlich hatte er den Richter erkannt und beruhigte ihn: »Herr Holmes, machen Sie sich keine Sorgen: Sie brauchen Ihr Ticket nicht. Sie werden es wahrscheinlich erst dann finden, wenn Sie schon ausgestiegen sind. Wir vertrauen Ihnen; Sie können uns das Ticket später zusenden.« Da sah der Richter den Schaffner verständnislos an und sagte: »Mein lieber Herr, das ist doch gar nicht das Problem. Das Problem ist nicht, wo ist mein Ticket. Das Problem ist: Wohin geht die Reise?«

»Schlusswort«

Nachdem Du nun die Möglichkeiten erfahren hast, wie Du Dein Leben ab heute selbst in die Hand nehmen kannst, hast Du natürlich auch noch die andere Möglichkeit, die Du auch vorher schon hattest: Du kannst nichts Entscheidendes an Deinem Dasein ändern!

Falls Du bereits zu den Menschen gehören solltest, die sich jeden Abend ins Bett legen können, um sich zu sagen: **»Ja, es hat sich heute für mich gelohnt, dass ich lebe!«**, dann wird Dir dieses Buch sicher vieles Deiner jetzigen Lebenseinstellung bestätigt haben.

Solltest Du jedoch nicht jeden Tag so leben - wie Du es Dir eigentlich wünschst - so wirst Du in diesem Buch genug praktische Anregungen gefunden haben, dies in Zukunft zu ändern. Lege dieses Buch nicht in den Schrank, und lass es auch an keinem anderen Platz verstauben, sondern halte es in Deiner ständigen Reichweite und arbeite damit. Wenn Du alles für Dich zufrieden stellend in die Praxis umsetzen willst, hast Du eine echte Lebensaufgabe gefunden - so wie wir auch.

Zur Umsetzung in die tägliche Praxis bekommst Du nachfolgend noch ein paar Anregungen von uns:

1. Ermächtige Dich selbst, dann bist Du ermächtigt. Niemand sonst wird es für Dich tun. Niemand sonst hat die Macht dazu. Wenn Du es nicht tust, bleibst Du weiterhin machtlos...

2. Wissen, wagen, schweigen - so lautete die Anweisung für die Praxis in den alten Schulen der Weisheit. Weisheit aber ist ewig, darum empfehlen wir Dir, zu wagen, das Wissen anzuwenden und darüber zu schweigen.

Warum?

Schweige und diskutiere nicht mit anderen, weil selbst der wohlwollendste Mensch durch seine Programmierung so viele Zweifel in Dir zu erwecken vermag, dass sich kaum noch Erfolg einstellen kann. Ein kleines Beispiel dazu: Wenn Du einen Baum pflanzt, musst Du einen Zaun darum errichten, weil sonst die Ziegen die junge Pflanze leicht fressen können. Wenn der Baum aber groß und stark ist, kann er den gleichen Ziegen Schutz und Zuflucht gewähren.

Wissen ohne Zweifel. Weiß einfach alles, was Du in der Praxis tun musst, denn Wissen ist die stärkste Form von Glauben. Solcher Glaube kann wirklich Berge versetzen. Sage daher niemals, ich versuche, die Prüfung zu bestehen. Du hast sonst unweigerlich programmiert, sie mehrmals zu versuchen, was bedeutet, sie nicht zu bestehen. Sage einfach, ich weiß, daß ich die Prüfung mühelos bestehe – dann hast Du ihr Bestehen programmiert. Aber hüte Dich vor Deinen geheimen Zweifeln an Deinem Bewusstsein!

Wage das Wissen anzunehmen. Denke darüber nach, bringe es in der Praxis zum Einsatz und erfülle es durch Deinen Willen mit Leben...

3. Erlaube Dir Geduld zu haben und meistere die Illusion der Zeit. Wachstum im Bewusstsein kann beschleunigt, aber nicht erzwungen werden...

4. Streiche das Wort <u>unmöglich</u> aus Deinem Wortschatz. Du kannst alles vollbringen, was immer Du willst. Im Reich der Gedanken gibt es kein unmöglich. Du selbst kannst Dir aber einreden, etwas sei unmöglich und damit zwingst Du die Unmöglichkeit einer Sache dann doch in die Existenz, so gewaltig ist Deine Macht im Bewusstsein.

5. Vergib Dir selbst und Anderen und verurteile Dich selbst und Andere daher niemals.

6. Bedenke, alles was Du tust, kannst Du nur so leicht vollbringen, wie Du es selbst im Bewusstsein zulässt. Sage daher niemals, das ist schwierig, es wird sich sonst als genau so schwierig erweisen, wie Du gesagt hast. Du bist der Schöpfer Deiner eigenen Lebensumstände...

7. Fang einfach an und nimm Anfangsschwierigkeiten gelassen hin. Ändere Dein Denken ohne an eventuelle Schwierigkeiten zu denken. Vertraue, dass immer jemand da ist, der Dir hilft, wenn es wirklich nötig ist. Sei wie ein Baby, das den ersten Schritt tut, ohne daran zu denken, dass es ziemlich oft hinfallen wird, bis es laufen kann. Es könnte nie laufen lernen ohne das Vertrauen, dass da immer eine Mutter ist, die notfalls hilft. Wenn Du einfach anfängst, wird das Dir die nötige Kraft und Ausdauer geben und dafür sorgen, dass Du immer klar denkst, im Fluss bleibst und nicht stecken bleibst...

8. Lass Dich niemals von Zweifeln überwältigen, denn nur Zweifel haben die Macht, all Deine Gedanken und Ideen zu vereiteln. Denke auch daran, wenn Du in Zeiten von Stress an die Komplexität Deiner Probleme denkst, vergrößerst Du nur deren Komplexität.

9. Geistige Übungen sind nützlich. Insbesondere am Anfang sind sie deshalb erforderlich, weil Du nur so Dein Bewusstsein genügend stark in Bewegung setzen und auszudehnen vermagst. Oberster Grundsatz ist auch hier, es ist nicht so wichtig, was Du tust. Wichtig ist, wer Du dabei bist, das Bewusstsein, die Absicht, aus der heraus Du Deine Übungen machst. Denke ans Backen eines Kuchens: Nicht die Art, wie Du rührst ist wichtig, sondern welche Zutaten Du verwendest. Für geistige Übungen sind dies die wichtigsten Zutaten:

Richte Dein Bewusstsein auf das höchste Ziel, das Du erreichen möchtest. Du als Schöpfer Deiner Lebensumstände hast die absolute Freiheit, Dir Dein Ziel selbst auszusuchen. Beharrst Du stattdessen weiterhin darauf, Rat bei anderen Menschen zu suchen, bleibst Du abhängig von diesen...

- **Fühle** und empfinde intensiv und tief. Denke, fühle und handle, so gut Du es vermagst, als sei Dein höchstes Ziel bereits erreicht.
- **Halte** den felsenfesten Glauben aufrecht, dass all Deine Übungen und Einstellungen im Bewusstsein zum Ziel führen werden...
- **Akzeptiere** Dich selbst und alles Sein ohne Urteil, so wie es ist! Das ist grenzenlose, bedingungslose Liebe zu Dir selbst und allem Sein...
- **Kontrolliere** Deine Phantasie! Lass ihr nur dann freien Lauf wenn Du sicher bist, dass Du damit nichts unerwünschtes in Dein Leben ziehst...
- **Sei** immer Herr über Deine Gedanken. Erlaube nicht, dass sie Herr über Dich sind. Kontrolliere und ordne Deine Gedanken. Was immer Du denkst, hat eine Wirkung, selbst wenn Du das nicht glaubst.

Achte auf Deine Gedanken, denn sie werden Deine Worte.
Achte auf Deine Worte, denn sie werden Deine Taten.
Achte auf Deine Taten, denn sie werden zur Gewohnheit.
Achte auf Deine Gewohnheiten, denn sie werden Dein Charakter.
Achte auf Deinen Charakter, denn er wird Dein Schicksal!

Bringe allem Leben, allem Sein soviel Liebe und Mitgefühl entgegen, wie Du irgend kannst. Nichts und niemand kann sich dieser Macht lange widersetzen. Erkenne die unbesiegbare Macht der Liebe durch Anwendung in der Praxis...

Das Leben ist eine Herausforderung, nimm sie an.
Das Leben ist Liebe, lebe sie.
Das Leben ist ein Traum, erkenne es.
Das Leben ist ein Spiel, spiele es!

Ich wünsche mir, dass diese Zeilen für Dich einen wichtigen Beitrag geleistet haben, dass Du Deine Zeit nun noch nutzbringender und erfolgreicher gestalten wirst. Lass uns nun beginnen, Mensch zu werden und unsere eigentliche Bestimmung und Aufgabe zu erkennen! Lass uns beginnen, auch unsere geistigen Gesetze zu nutzen, nicht nur zum Wohle der Menschheit, sondern eben auch zu Deinem eigenen. Unser Verstand, mit dem wir nach wie vor Unvorstellbares erreichen können, kommt uns zu Hilfe, wenn wir bereit sind, ein paar von unseren guten Vorsätzen in die Tat umzusetzen!

Beginne jetzt, denn sonst beginnst Du nie!

Möge diese Buch an mich erinnern.

Dein Bernd M. Schmid

Persönliche Notizen:

Persönliche Signatur: